Dulce Regina

Vidas que se repiten

Cada vida es un proceso de
aprendizaje, una vuelta más del
destino, una nueva esperanza

Grijalbo

Vidas que se repiten
Cada vida es un proceso de aprendizaje, una vuelta más del destino,
es el resultado de la pasada, es una nueva esperanza

Primera edición, 2006
Primera edición para EE.UU., 2006

Título original: *Vidas que se repetem*

© Dulce Regina da Silva, 2004

© Pilar Obón, por la traducción.
 De la edición en portugués de Editora Encontro de Luz

D. R. 2006, Random House Mondadori, S. A. de C. V.
 Av. Homero No. 544, Col. Chapultepec Morales,
 Del. Miguel Hidalgo, C. P. 11570, México, D. F.

www.randomhousemondadori.com.mx

Comentarios sobre la edición y contenido de este libro a:
literaria@randomhousemondadori.com.mx

ISBN: 0-307-39145-0

Impreso en México / *Printed in Mexico*

Distributed by Random House, Inc.

Índice

Introducción

Una situación trascendental en mi vida personal está relacionada con el desempeño de mi trabajo en Portugal. Fui invitada por un amigo para atender en Lisboa; según él, había muchas personas interesadas en mi trabajo como astróloga kármica y terapeuta de vidas pasadas. Entusiasmada, hice las maletas y me fui a Portugal. Me había separado recientemente de mi esposo, y podía darme el lujo de viajar sin sentirme culpable; mis hijos ya eran mayores, por lo cual estaba libre de preocupaciones y mi viaje duraría apenas quince días. Aprovecharía para ir hasta Francia, donde necesitaba resolver algunos karmas.

A pesar de estar feliz con el viaje, tuve un extraño sentimiento al descender en el aeropuerto de Lisboa: me invadía una profunda sensación de angustia al hallarme en suelo portugués, donde ese amigo me esperaba. Era una mezcla de miedo, aprensión y tristeza; aun así, intenté no pensar en el asunto, pues quería aprovechar la oportunidad de conocer otro país y a su gente.

Inicié mi jornada atendiendo a un grupo de brasileños radicados en Portugal y enseguida participé en una entrevista en un programa de radio, que fue un éxito. Percibí cuán carentes y necesitadas estaban las personas de ese tipo de información: hablé acerca de la pérdida, la liberación de heridas, el mapa astral kármico y la regresión. El teléfono no dejaba de sonar: eran personas que querían más información; efectivamente, así comenzó, mi trabajo en Portugal.

Al día siguiente estaba programada una conferencia en un prestigiado instituto de astrología. Confieso que me mostraba un poco aprensiva, pues hablaría ante un auditorio de astrólogos formados en aquella escuela.

Logré vencer los bloqueos y la conferencia fue un éxito. El noventa y nueve por ciento de las personas presentes me buscó en seguida para que les interpretara su mapa astral; durante la plática, algunos me preguntaron que de dónde provenía esa información. Expliqué que con mi experiencia como ser humano, pude comprender que el verdadero conocimiento no se aprende en los libros, sino que está registrado en nuestro inconsciente.

Sentí la hostilidad de dos o tres personas del auditorio, como si me juzgaran; al mismo tiempo, percibí un interés muy grande de otras 150 personas que me escuchaban, por lo cual pensé: «No voy a permitir que algunos perturben lo que debo transmitir», y así lo hice.

A partir de ese momento, numerosas personas me buscaron con el fin de comprender sus karmas y su misión. Todavía recuerdo el primer día de trabajo en Portugal: parecía que la energía negativa conspiraba en mi contra.

El disquete que contenía el programa de astrología se dañó: se me cayó en la calle y fue aplastado por un auto; tuve mucha dificultad para encontrar otro, y estaba desesperada porque había muchas personas agendadas. Después de mucho desgaste emocional y ansiedad, conseguí otro disquete y a partir de ahí comencé a trabajar; al principio fueron muchos los obstáculos, los cuales vencí lentamente, pues sabía que eran pruebas que debía pasar. Mi misión en Portugal se fue desenvolviendo naturalmente y cuando me di cuenta, viajaba a este país dos veces al año.

Mi primer libro, publicado en 1996 por Editorial Pergamino, fue distribuido en todo el país. Con la divulgación de mi nombre, comencé a recibir numerosas cartas de personas que solicitaban mi regreso. Me resistí mucho, porque no tenía ganas de trabajar en Portugal, aunque no conseguía entender el motivo, y así comencé a poner trabas, por ejemplo: «No vuelvo más porque no tengo visado de residencia y quiero trabajar en forma legal»; al día siguiente conocí a alguien que me ayudó a conseguir la visa más rápidamente. No sabía cómo tratar algunas cuestiones legales; sin embargo, pronto conocí a una abogada que me auxilió en esos asuntos, y así sucesivamente, resolvía mis problemas: era como si esas personas hubiesen sido enviadas por el plano espiritual para ayudarme. Cuando me sentía perdida, siempre aparecía alguien en mi camino que me hacía dudar de si ya era el momento de abandonarlo todo y no regresar jamás. Aprendí a convivir con esa situación, y hoy tengo excelentes amigos en quienes puedo confiar verdaderamente.

Siempre quise entender mi vínculo con Portugal. Algunos meses antes de embarcar sentía un ahogo en el corazón y un extraño miedo, como si algo muy malo fuese a suceder. Lo más interesante es que no era miedo al viaje, ni al trabajo, sino miedo a ser traicionada y aprisionada, y llegaba a comentar mi pánico con algunas personas próximas. No sabía la causa de esos conflictos: creía que eran porque dejaba a mis hijos y amigos en Brasil, por quienes sentía mucha nostalgia.

Después de muchas idas y venidas, poco a poco superé los obstáculos que aparecieron frente a mí. Yo sabía que no podía abandonarlo todo, lo cual sería una cobardía de mi parte, y no acostumbro ser cobarde ante las situaciones. Alquilé un departamento y a partir de entonces dedico gran parte de mi tiempo a trabajar en Portugal y me siento gratificada con la labor que realizo. En mis viajes me acompaña siempre una asistente que me auxilia, y la mayoría de las ocasiones la gente que atiendo adora la experiencia, pero no consigue seguir mi intenso ritmo de trabajo. ¡Cada vez me siento más sola en mi misión!

En una de las veces que estuve en Portugal, llegué a rescindir el contrato del departamento, así como los de la luz, el agua y el teléfono, y cuando comuniqué mi decisión a algunas personas cercanas, todas se pusieron tristes y procuraron disuadirme de la idea.

Comencé a sentir que todavía no era el momento de dejarlo todo y renové los contratos, pero no entendía lo que realmente tenía que hacer. Vivía un gran conflicto, un sentimiento de miedo me acompañaba a cada minuto de mi estadía en Portugal y yo decía a mis amigos más íntimos: «Si algo me pasa aquí, ustedes me enviarán de vuelta a mi país». Casi cancelé algunos viajes programados, por temor a que hubiera una guerra en Europa y no pudiera regresar a Brasil. Lo que para muchas personas hubiera sido maravilloso, para mí era un verdadero sacrificio, una pesadilla; siempre decía: «Parece que estoy haciendo esto a la fuerza». Esos sentimientos eran muy fuertes y casi incontrolables. Tuve un estrés emocional cuando desembarqué en Lisboa en uno de mis múltiples viajes: lloraba y gritaba desesperadamente, pidiendo que me llevasen de vuelta al aeropuerto, pues me quería ir ya.

Sentí el deseo de vivenciar una regresión, como un intento por esclarecer los miedos que me desequilibraban. Por algún motivo, esa regresión nunca se realizaba, con lo cual llegué a la conclusión de que la «vuelta al pasado» no ocurre cuando queremos, sino cuando estamos preparados para esa búsqueda interior, o cuando ya tenemos el libre albedrío para decidirnos por medio de la razón.

Trabajo con astrología kármica y regresión desde hace más de veinte años y al principio de mi trabajo, yo misma pasé por el proceso muchas veces. He visto a las personas haciendo regresiones como si fuese un juego, y eso me preocupa, pues conozco la responsabilidad de estudiar el inconsciente de las personas y sus consecuencias. Con mi experiencia, tengo la certeza de que no todas las personas están preparadas para vivenciar nuevamente un trauma del pasado, pues en la regresión volvemos a una emoción que quedó registrada en nuestro cuerpo emocional y que necesita ser liberada.

Para mí sería muy simple vivenciar una regresión y entender mis dificultades en relación con Portugal. Tenía la sensación de que ya había vivido esa situación anteriormente, mas no sabía con exactitud lo que era. Finalmente, tuve la oportunidad de comprender, por medio de algunas regresiones sumadas a otras situaciones, que en realidad

las vidas se repiten…

Lisboa, ciudad vieja, llena de encanto y belleza...

16 de junio de 1993: mi primera conferencia en tierras extranjeras fue en la Escuela de Astrología Quiron. Confieso que me sentía ansiosa y tensa delante de un público que yo no conocía; ya había pasado por esa experiencia innumerables veces en Brasil, sin embargo, hablar en público siempre genera cierta tensión. Atravesar el océano Atlántico para transmitir mis experiencias producía en mí una sensación extraña. Mi amigo Antonio Carlos me animaba con su mirada para que enfrentase aquella situación, pues, finalmente, había sido el responsable de mi visita a Portugal.

Antonio Carlos me invitó a atender a algunos amigos brasileños que residían en Portugal, una de cuyas personas es la adorable Cristiane, dentista brasileña que se convirtió en mi amiga.

Frente a un auditorio de más o menos ciento cincuenta astrólogos y estudiantes de astrología, respiré profundo y comencé la conferencia. Tenía la sensación de que muchos de ellos estaban ansiosos por escucharme; percibí también que algunos me miraban con cierto desdén... Solicité la ayuda de los maestros y continué la plática con firmeza, orando y pidiendo iluminación divina como siempre hago, y poco a poco me fui relajando; las personas estaban receptivas —pensé aliviada— y después de dos horas de explicación sobre astrología kármica y regresión, todo el ambiente se transformó: surgieron muchas preguntas que yo respondía con amor; sentí que pocos tenían conocimiento de ese segmento de la astrología que va más en busca de respuestas espirituales mas no tanto prácticas y racionales, y los resultados fueron extremadamente positivos.

Además de los estudios, aprendí mucho por medio de mi experiencia como ser humano. En aquella época había analizado el mapa astral kármico de treinta mil personas que buscaban explicaciones sobre sus karmas y su misión. Diez años antes, investigaba lo relacionado con las almas gemelas, cuando casi nadie hablaba del asunto.

Durante la conferencia percibí la hostilidad de dos o tres personas, mas procuré no entrar en sintonía con ellas; finalmente, estaba ahí en forma gratuita, intentando transmitir todo lo que sabía y, claro, todavía tenía mucho que aprender. Sentía un enorme placer en compartir mi conocimiento con otras personas.

En ese momento, no tenía idea de todo lo que iba a vivir de ahí en adelante. Era apenas el comienzo de mis numerosas conferencias en Portugal, y sólo entonces comencé a comprender la importancia de mi misión en aquel país. A pesar de que hablamos prácticamente la misma lengua, tenía mucha dificultad en comprender lo que querían decirme. Las palabras son parecidas, pero las intenciones muy diferentes.

Al día siguiente atendía a unas personas que me habían buscado para que interpretara sus mapas astrales kármicos. En aquella época todavía no había escrito mi primer libro, *Alma gemela: el encuentro y la búsqueda*, que más tarde sería publicado en Portugal, en España y en todos los países de América Latina.

Diez años pasaron y en ese periodo he vuelto a Portugal dos veces por año: al principio para continuar con mis consultas, y después creé un espacio en mi departamento para las consultas y las conferencias gratuitas. Fortalecí también algunos vínculos de amistad. Tengo la sensación de que, en esos diez años, cada estadía en Portugal me hace revivir algunas vidas anteriores. Cuando regreso a Brasil, no soy la misma persona; cada retorno es un cambio en mi vida, y hoy tengo conciencia de que son cuatro meses de regresión en cada periodo que permanezco en Portugal, una larga y dura regresión que me lleva al encuentro de mí misma, en una forma profunda y transmutadora.

1996: este año es una etapa importante en mi vida, porque mi primer libro fue publicado en Portugal. Fue emocionante verlo y tocarlo en una gran librería. A partir de ahí, mi trabajo se desenvolvió sin que me diese cuenta cabal, y cada vez que volvía a Portugal sentía

4346-28
1996 Broadman & Holman
Supplies
Nashville, TN
Printed in USA

ISBN 080547689-X

ıs personas; atraje a algunas que me hicieron
bién me ayudaron de alguna forma, aunque
uitas. Pagué muy caro por ellas, que al prin-
das. Algunas personas se interesaban en mis
que otras me explotaron no sólo material-
rias formas; una de ellas fingía ser mi amiga
s a mis espaldas. Después de algún tiempo
o a toda mi lista de clientes, a los que pro-
idencia.

on a mostrarme esos mensajes y yo me
ona quería destruir mi trabajo en Portugal.
rsonas de Brasil, para hacerles regresión o
o, y cuando alguien hacía un comentario
tentaba desalentarle. Sé que en todas par-
hismorreo, la envidia y la maledicencia,
ra mucho más difícil enfrentar esos desa-
nte esas situaciones me daban ganas de
sin mirar atrás.

terna y externa, y cuanto más intentaba
e personas que pedían mi ayuda. Pensa-
cobrar, pero eso era simplemente impo-
, la estadía y muchos otros gastos y quién
misos en Brasil? La realidad de los brasi-
de los portugueses. En Brasil gastamos
leados y otros conceptos similares, pues-
y grande, como todos saben. Necesitamos ninguna seguridad material.
sil está relacionado con el poder mate-
os a vivir el momento sin pensar mu-
d es inmensa y no logramos programar
ro próximo mes. Debo ser muy fuerte para mantenerme a mí y
a mis hijos, dándoles el patrón de vida que ellos merecen. Nunca fui
una persona mezquina, sino muy preocupada por cumplir con mis
compromisos materiales, de manera que procuro no deberle nada a

nadie. Sentí que necesitaba tener cuidado en mis relaciones con las personas y que debía seleccionar aquellas en quienes pudiera confiar realmente, pues nunca sabría si esa persona era sincera conmigo o si quería algo más. La situación comenzó a mejorar al final del año 2000, cuando una amiga portuguesa se propuso ayudarme. Intenté no involucrar el dinero en nuestra relación y hacíamos un trueque: ella organizaba mi agenda, y yo la ayudaba con mi trabajo. Concepción era una persona simple e iluminada, por lo cual ella y su hija María José comenzaron a participar en todos mis cursos y las ayudé mucho espiritualmente.

Por desgracia, Concepción partió hacia el otro mundo en 2002. Falleció bruscamente, pero tengo la certeza de que se fue al cielo con mucha comprensión acerca de sus karmas y su misión. Hicimos numerosas regresiones para limpiar su pasado. Después de su muerte, su hija María José me ha ayudado, sin más interés que el de evolucionar espiritualmente; tengo conciencia de que nunca exploté a nadie y que todos los que trabajaron conmigo, sin excepción, fueron beneficiados de una forma u otra. Mi conciencia está en paz.

No todas las personas entendían mi trabajo. La mayoría de ellas tenía, en relación conmigo, una expectativa que me preocupa: me veían como si fuese la persona más perfecta del mundo. Eso es muy pesado, pues soy humana y no mejor que nadie, sino que cometo errores y siempre intento aprender de ellos.

Viví un largo periodo de conflicto sin tener la certeza de si debería dar continuidad a mi trabajo en Portugal, como si dentro de mí existiese una dualidad: cuando estaba en Brasil sentía nostalgia por Portugal, y viceversa. Tomé conciencia de que no podía dejarlo todo (sería una cobardía por mi parte), y después de todo ese conflicto sentía que había llegado el momento de realizar una regresión para entender el por qué de ese sentimiento de querer huir de Portugal a cada momento. Esto ocurrió después de mi decisión consciente de continuar mi trabajo en aquel país, y esa regresión me hizo comprender lo que estaba viviendo. Más adelante profundizaré en tal experiencia.

Brasil, 16 de junio de 2003: es un día lindo y soleado; estamos a comienzos de invierno y parece primavera. Hace veinte días llegué de Portugal, y aquí estoy sentada en mi sala de estar delante de mi computadora, intentando pasar al papel mis sensaciones. A veces esto es muy difícil, pues necesito concentración, y el teléfono suena y me distrae. Vuelvo de nuevo a la computadora y respiro profundamente, pidiendo ayuda y orientación al plano espiritual. Siento que transmitiré mensajes muy importantes para otras personas que pasan por las mismas situaciones que viví sin comprenderlas. Pienso en mi primer libro y me siento gratificada por haber ayudado a que miles de personas comprendieran sus karmas, su misión y las relaciones entre las almas gemelas. Cuando escribí *Alma gemela: el encuentro y la búsqueda,* no imaginaba que un día atravesaría el océano Atlántico llevando mi mensaje de amor y hoy, después de diez años de esa travesía, procuro recordar todo lo que viví en ese largo periodo de idas y venidas entre Brasil y Portugal.

Me detuve para analizar el momento de mi llegada a Portugal y recordé la sensación de angustia cuando pisé por primera vez suelo lusitano. Hoy, después de exactamente diez años de mi primera conferencia en Lisboa, estoy en condiciones de analizar todos esos hechos mediante mi visión espiritual; finalmente, eso hago con las personas que me buscan cuando intentan comprender algunos momentos de sus vidas. Necesitaba entender más profundamente lo que había pasado conmigo durante esos diez años. Comencé a recordar que en 1993 había dejado mi casa y a mis hijos por primera vez para hacer un viaje que, a primera vista, parecía sin compromiso; no imaginaba lo que viviría después de todo eso.

Durante todo ese tiempo cuestioné el por qué de mis viajes a Europa y también el miedo que sentía cuando el avión aterrizaba en el aeropuerto de Lisboa. Quería darme la vuelta, salir corriendo de ahí, como si previera un inmenso peligro; era como si muchos ojos invisibles me estuviesen espiando. Sentía que en cualquier momento sería capturada y aprisionada. No conseguía entender por qué pedía luz y fuerza a mis maestros para no huir de aquel país y regresar a Brasil. ¿Qué era lo que en realidad me causaba esa aflicción? ¿Miedo a quién o por qué? Racionalmente no había motivo para ello, pues me sentía bien acogida por la mayoría de la gente portuguesa; entonces ¿por qué? Todo el tiempo me preguntaba: «¿Qué estoy haciendo aquí? ¿Por qué no continúo mi trabajo tranquilamente en Brasil? ¿Por qué hago todo este sacrificio —de salir de mi país, de privarme de la compañía de mis hijos y de mis amigos— y viajo tan lejos? Brasil es inmenso y puedo desarrollar mi trabajo en otros estados y en otras ciudades, ¿por qué tengo que atravesar el Atlántico? ¿Por qué tengo que viajar durante diez horas en un avión? ¿Para qué?»

Algunas personas podrían decir que era a causa del dinero que ganaba en Portugal, pero yo me cuestionaba: «Tengo muchos gastos: pasajes de avión para mí y una asistente, renta de un departamento en Lisboa durante todo el año, gastos de alimentación, luz, agua y teléfono. ¿Valdrá la pena?» Si no pensase en mi trabajo como una misión, no encontraría una explicación para ese desgaste físico y emocional, pues el precio de la consulta es casi el mismo que en Brasil. Cuando consideraba el costo/beneficio, sentía que materialmente yo no tenía necesidad de pasar por todo eso. Estaba claro que necesitaba y todavía necesito trabajar para pagar todos mis gastos en Brasil y en Portugal; por desgracia, no podía realizar mi trabajo sin pensar en eso, ni tenía a nadie que me mantuviera, ni a mí ni a mis hijos, y ellos necesitaban de mí. Numerosas personas me buscan en los países próximos a Brasil, muchas otras de España, entonces ¿por qué Portugal? Sé que puedo realizar mi trabajo en cualquier lugar del mundo; mi experiencia en las relaciones entre las almas gemelas y en el contacto con el ser humano me hizo destacar en mi trabajo. Son veinticinco años de estudios, diez de ellos en Portugal.

Muchas de esas preguntas serán respondidas en este libro.

Gitana Dorotea: Libre como el viento

España, 1470: alta, bonita, rubia y de ojos claros, mi nombre es Dorotea, gitana, sí, y a mucha honra.

Sevilla, ciudad que emana luz y alegría. Muchas jóvenes a mi alrededor, una tienda, varios almohadones coloridos, bastante música que viene de fuera. Tengo ganas de danzar y así lo hago, salgo de mi tienda con mis jóvenes amigas, la hoguera está frente a nosotras, casi no consigo bailar, pienso en mi amor, el gitano Manolo, quien viene llegando y me siento todavía más feliz. Corro hacia él, la risa suelta en mis labios, los cabellos al viento y suenan las medallas en mi cuello, mi falda toca el suelo.

Me siento feliz y despreocupada, libre como el viento… suelta como el aire… alegre como los pájaros… amo la vida, valoro el amor, aquel sin compromiso, el que sólo ama, que nada pide, que nada exige, que nada quiere, el amor que ilumina mi mirada y me da alegría de vivir.

Manolo baila conmigo; todos aplauden, él me envuelve con sus brazos, todos gritan y nos alientan en nuestra danza. Él me alza hacia lo alto y yo me siento libre. En nuestra comunidad, la mayoría se alegra con la felicidad de otros. Dorotea y Manolo forman una bella pareja, envidiados por unos, admirados por otros. La música y el fuego que arde me traen la inspiración para leer las cartas y descifrar el futuro mediante la lectura de las manos; ésos son mis dones, en tanto que belleza y sensualidad envuelven a todos.

Manolo es fuerte, alto, moreno, de ojos y cabellos negros. Su fuerza y su belleza me llevan a las alturas, entre nosotros no existen deudas, somos libres y por eso nos amamos y nos respetamos. Manolo tiene

19

mucho miedo a perderme, no son celos, sino un presentimiento, y no quiero pensar en el mañana, sino vivir el hoy, pues soy alegre y feliz. Cuando pienso en el mañana, siento una gran angustia y miedo. Quiero vivir aquí y ahora, no pensar más, la música no me deja pensar y aleja mis malos presentimientos.

Pronto llegará el día de nuestro casamiento, necesito prepararme, pues ése será un día muy importante, cuando nos juraremos amor eterno. La petición de mano será mañana, delante del fuego de la justicia, y tres días después se realizarán las festividades.

Hoy desperté muy feliz: por fin llegó nuestro día y bailaremos toda la noche. Después de la ceremonia, atraje a Manolo hacia mí y murmuré muy bajo en su oído:

—Ven, Manolo, ven a mis brazos —graciosamente lo llevo hacia dentro de mi linda tienda, llena de flores. Vivimos cada momento como si fuese el último; Manolo y yo conocemos el verdadero amor sin preocupaciones ni ansiedades. Somos jóvenes y puros, emanamos felicidad y alegría en cada sonido que sale de nuestros labios, en cada suspiro. Después de una noche de amor, Manolo despierta asustado:

—Doro, tuve un sueño horrible esta noche: soñé que te marchabas en un carruaje con un señor rico, y no tuve el valor de ir tras de ti, pues tenías un aire tan presuntuoso y una mirada tan fría, que lloré de tristeza y de dolor.

—No, querido, eso jamás ocurrirá, yo soy tuya y tú eres mío y lo sabes. Entonces ¿por qué pensar y atraer aquello que no deseas? Vamos a bailar, vamos a vivir el amor.

Y así pasaban los días y siempre había una nube en la mirada de Manolo que me entristecía. ¿Será que él no confía en mí, será que eso realmente va a suceder, me iré de aquí con un hombre rico? No… adoro a mi pueblo, amo a Sevilla y a mi alma gemela… Manolo. Jamás cambiaría ese amor ni este lugar por un poderoso señor, pues ya soy rica, rica en alegría y en amor.

Adoro a mis jóvenes amigas que me admiran y a quienes ayudo al aconsejarles acerca del amor. Creo en las almas gemelas y les digo que ellas deben creer también; practico la quiromancia y consigo detectar, en las manos de dos enamorados, si son parte de la misma centella divina, si son almas gemelas. Sigo mi intuición, pues aprendí con mi gente el arte de la quiromancia y de la cartomancia. Esas artes son muy antiguas y el tarot vino de Egipto en el siglo V antes de Cristo, de ese pueblo que veía en Toth al dios de la sabiduría.

Con mi falda redonda, coloreada de rojo, verde y amarillo, con mis pulseras de oro, mis talismanes de Luna, mis medallones dorados, recibo en mi tienda a los jóvenes enamorados. Soy muy alegre y todos quedan embelesados al oírme hablar del amor entre las almas gemelas. Adoro aconsejar a esos jóvenes. Es cierto que las mujeres me buscan más, principalmente las que están en busca de un amor grande y verdadero. Ellas me respetan y me escuchan con atención.

Estoy a favor de la felicidad entre las parejas que verdaderamente se aman. Los más viejos perciben mi carisma y dicen que un día seré elegida para ser la consejera de la comunidad, para orientar a todos, porque saben que lo hago con gran amor. Paso las horas sentada recibiendo a todo el que necesita de mí, de modo que mi fama aumenta y las personas de los alrededores comienzan a buscarme. No me agrada esa situación, sino que prefiero ayudar a mi pueblo y no mezclarme con nadie que sea rico y poderoso; tengo ganas de huir de todos ellos y siempre doy una disculpa para que no se me acerquen demasiado.

Dolores, mi hermana espiritual, me acompaña por todos lados, es mi ayudante, quien no deja que nadie entre sin permiso, y sabe cuándo estoy bien y cuándo no quiero atender. Hago con placer lo que me gusta, pero hay días en que deseo estar sola para leer mis manos, y muchas veces no lo consigo; es como estar frente a una puerta cerrada que no se abre.

Para mí, el trabajo es una alegría; me divierto y siempre estoy sonriendo, mostrando el arte del amor a las personas que me buscan; enseño hechizos para recuperar el amor perdido; al mismo tiempo, soy muy seria y sólo transmito esas enseñanzas cuando percibo que existe amor entre las personas involucradas, a quienes separó algún malentendido, sin que ellas lo quisieran realmente.

Nos gusta trabajar con fuego y nos reunimos en grandes rituales, quemando papeles que simbolizan nuestras dificultades. Escojo siempre la Luna menguante, que minimizará nuestros problemas. Ese ritual es muy bello, el cual consiste en que todas las personas forman un círculo, uniendo sus manos en torno a una enorme fogata, y cada una toma su turno para quemar sus dificultades; en cuanto arde el fuego, repetimos muchas veces en voz alta: «Fuego sagrado, consume con tus llamas poderosas todos nuestros malos pensamientos, todos nuestros vicios y problemas; te entregamos, fuego sagrado, todo lo negativo que existe dentro de nosotros: la envidia, el odio, la ira y la codicia, y te pedimos que esos sentimientos se transformen en cenizas y que el viento se lleve el humo hacia los dioses, eliminando esas negatividades que están dentro de nosotros».

Al terminar el ritual me siento completamente libre de todo lo que me perturba. El aire puro y el viento me traen la luz de los dioses y recorren todo mi cuerpo, el cual llenan de amor. Ese ritual concluye cuando el fuego se apaga, y entonces lanzamos mentalmente nuestros malos pensamientos dentro de la hoguera y agradecemos al fuego sagrado por su ayuda.

EL ALMA GITANA DE ALINA

Soy muy curiosa y siempre quiero saber el origen de mi pueblo, por lo cual pregunto a los más viejos. La gitana Alina tiene ochenta y cinco años y es mi maestra. Siempre la busco al final de la tarde y pasamos horas conversando. Ayer me contó el origen de los gitanos: me dijo que nuestro pueblo proviene de la India, de donde hace muchos siglos huyó de los árabes, por lo que se fue hacia Armenia y Asia, y entró a Europa por Grecia. Actualmente están esparcidos por todo el mundo; por lo tanto, los gitanos son descendientes de los indios. Desde esa época hasta ahora nuestro pueblo conoció toda Europa. Todavía recuerdo las conversaciones de mis abuelos que hablaban de los tiempos en que los gitanos llegaron a Rusia y Hungría en 1417 y viajaron a París en 1427.

La leyenda cuenta que nuestro pueblo tenía un rey que guiaba a todos con mucha sabiduría en una ciudad maravillosa de la India, llamada Sind, donde imperaban la felicidad y la armonía, hasta que los musulmanes expulsaron a los gitanos y destruyeron la bella ciudad. Desde entonces fueron obligados a vagar por el mundo por siete años, y los reyes de aquella época se dirigieron al Papa, quien les impuso una penitencia y les dio credenciales para que fuesen bien acogidos en el mundo durante otros siete años. Pero cuando ese plazo expirase, debían salir de aquel lugar e irse a otro, donde, por lo contrario, la población local comenzaría a desconfiar de ellos y los discriminaría. Esto ocurrió realmente durante un tiempo, y el misterio de nuestros orígenes despertaba cierta curiosidad en el populacho, debido a nuestros conocimientos espirituales y a nuestras prácticas sobrenaturales, como la cartomancia, la lectura de la mano y nuestro conocimiento de los astros, la forma de leer el pensamiento y nuestra capacidad para danzar, que nos daba un carácter seductor que a todos atraía.

Mas esa curiosidad acabó por transformarse en hostilidad, debido a nuestros hábitos de vida, completamente distintos de los de la sociedad local. La súbita aparición de miles de gitanos en Europa pasó a ser un constreñimiento y todos se preguntaban: «Finalmente, ¿de dónde son estas personas? ¿De dónde vinieron?» Con el transcurso del tiempo, los gitanos fueron adquiriendo la reputación de ladrones —lo que mucha gente no sabe es que esto es inmerecido— pues ellos creían que aquello que era suyo también lo era de todos: creían que los árboles, las flores y los pájaros no tenían dueño y que estaban en el mundo para darnos alegría. Imbuido de esa idea, cuando un gitano preparaba una trampa con la intención de cazar un conejo o un faisán, o tomaba una manzana de un árbol repleto de esos frutos, creía que nadie podía considerarse dueño de aquello que los dioses habían otorgado como regalo; por lo tanto, en su inocencia, los gitanos acabaron por adquirir la reputación de ladrones. Sin embargo, esa inocencia no duró mucho, pues el robo era perseguido y así los gitanos se transformaron en un problema social.

Muchos vivieron en Cataluña, donde veneraban a la Santa Virgen de Triana, conocida como La Gitana. Otros fueron a Portugal, España y otros países, lo cual indica que vivimos en todas partes y que nuestra patria es el mundo.

Somos no sólo una mezcla de los pueblos indio, egipcio, griego, catalán, portugués y francés, entre otros, sino también hermanos del viento, eternos y misteriosos gitanos. Nuestra lengua es hablada por todos, sin importar nuestro país de origen, y aun si recorremos durante años un mismo país, no alteramos nuestro dialecto original, que es el romaní. Nuestra vida nómada nos transformó en un pueblo sensible e intuitivo. Aprendemos a danzar con las castañuelas y a tocar panderos, apreciamos el aire libre y adoramos dormir bajo la luz de las estrellas; además, nuestras tiendas están abiertas de cara al sol y en dirección opuesta al viento, o sobre ruedas, en grandes carrozas pintadas. En Portugal somos gobernados por condes y muchos de nosotros servimos a los reyes; asimismo, cuanto más vieja es una mujer gitana, más respetada es y tiene gran influencia en los demás.

La vida nómada significa el más amplio sentido de libertad; por ello, no se tiene apego a lugar alguno, pero por otro lado existe un profundo sentido de unión, solidaridad y compañerismo —todos somos hermanos, la familia es única y los viajes se realizan en grupo. En Sevilla, abandonamos el nomadismo y nos establecimos en este lugar.

El nombre *zíngaro* o *gitano* proviene del griego medieval, que significa «intocable», término que era atribuido también a los magos, los adivinos y los encantadores de serpientes. El origen del nombre *gitanos* es una transformación de *egipcianos,* pero la similitud del pueblo gitano con el de la antigua India es muy grande, como la piel morena común a ambos pueblos, el gusto por las ropas vistosas y coloridas, y los principios religiosos parecidos, por ejemplo, la creencia en la reencarnación y en santa Sara Kali, que confirma el origen indio de los gitanos. Esta santa posee una piel negra, por eso es conocida como Sara Kali: la negra que reparte bendiciones al pueblo, patrocina a la familia, los campamentos y los alimentos y tiene la fuerza para destruir los poderes negativos que puedan perturbar a la nación gitana. Entre el pueblo indio, Kali es venerada como una diosa y considerada la madre universal; su piel es oscura como la de Shiva. Para los indios, la Divina Trinidad está formada por Brahma, Visnú y Shiva.

Me siento completamente involucrada por los conocimientos de Alina, quien siempre me enseña cómo curar con plantas, hierbas y masajes y cómo debo emitir energía a través de mis manos; también aprendo con ella la astrología. Alina me dice:

—Como la astrología de los caldeos, la de los gitanos tiene doce signos. La astrología fue creada por los kakus gitanos en sus caminatas por los caminos bañados por la Luna y por las leyendas provenientes de la India. El estudio de la astrología comenzó en Mesopotamia, después viajó a Grecia en el siglo V antes de Cristo, y en Babilonia era uno de los medios para interpretar la voluntad de los dioses.

Alina siempre dice que yo tengo mucho conocimiento de la astrología y que esta sabiduría la adquirí de otras vidas y agrega que en mis próximas encarnaciones utilizaré ese aprendizaje para ayudar a la Humanidad en su evolución.

Luego fui profundizando en mis estudios y con el tiempo percibí que siempre que me relajo y dejo que fluya mi intuición, recibo muchas informaciones importantes. Con Alina aprendí también la quiromancia y estoy encantada con la lectura de la línea del destino en las manos de las personas que acuden a mí. La línea del destino muestra de dónde venimos y hacia dónde vamos, y nos orienta acerca de cómo conducir nuestra existencia actual, ya que creemos en otras vidas y en la ley del karma, asimismo puede indicar acontecimientos, además de cambios afectivos y familiares. La línea del destino es fundamental porque separa el inconsciente del consciente, es el punto de partida, y cuando comienza en la parte de abajo de la palma de la mano, muestra que la persona conoce su misión muy temprano en su vida; también indica determinación, coraje y gran fuerza interior.

La gran mayoría de las personas solicita la lectura de sus manos cuando está interesada en el amor, principalmente los jóvenes y las mujeres; también es posible prever cuántos hijos podremos tener y si la vida será larga. A veces me asusto al analizar mis manos. Parece que mi destino estará marcado por grandes transformaciones; sé que si consigo mejorar mis actitudes respecto a algunas situaciones, podré modificar mi destino; sé también que esto no es fácil, pues muchas veces somos arrastrados por las circunstancias y entonces se cumplen los designios.

Alina dice que los gitanos no tienen enfermedades mentales y el secreto es saber vivir, de modo que el amor y la alegría son la mejor planta para hacer crecer en nuestro corazón, lo cual mejora nuestra salud.

Estoy fascinada con todo su conocimiento y ella siempre dice, confirmando lo que siento, que muchas veces no podemos huir de nuestro destino y que debo aprender que no puedo hacer sólo lo que quiero, sino entregarme al plano espiritual y dejar que las cosas sucedan, sin embargo, pienso que soy muy libre y que nada ni nadie me apresará.

Alina esboza una sonrisa maliciosa y dice que ya me puedo ir. Confieso que aquella conversación me inquietó. ¿Qué quería decir ella con eso? Siempre supe que Alina tiene el don de la premonición, como la mayoría de nosotros, pero más allá de ese don, ella posee sabiduría y sabe por qué ocurren las cosas buenas; además, siempre habla de la ley de la naturaleza, es decir, todo lo que plantamos —sea bueno o malo— un día lo cosecharemos de nuevo, mas yo respondo: «Si no hice nada malo, no voy a cosechar cosas malas, ¿no es así?» Ella sonríe de nuevo y me explica que nuestro espíritu tiene muchas vidas de las cuales no nos acordamos, y que podemos haber sembrado algo negativo muchos siglos atrás. No entiendo muy bien lo que Alina quiere decir, pero sé que tiene razón y nunca voy a olvidar sus sabias palabras.

También conversamos acerca del amor, y cuando le hablo de Manolo percibo una tristeza en su mirada. Si al final ocurrirá lo que tiene que pasar, ¿por qué tanto misterio? Imploro su ayuda para lograr entender, pues no quiero herir jamás a Manolo, a quien amo; soy libre, es verdad, mas eso no impide que podamos estar juntos el resto de nuestras vidas; sin embargo, ella nada responde a mis preguntas.

Hoy, Alina se muestra diferente y dice:

—Dorotea, voy a contarte mi historia de amor: en el pasado fui una bella mujer y muy feliz. Tuve también un gran amor que un día se fue con otra, una mujer rica que lo sedujo con su oro, pero que no le dio el amor que yo le di. Yo tenía veinte años, era linda y pura, alegre como tú, con la misma ansiedad que tú de querer saber el futuro, mas al mismo tiempo sabía que no podemos cambiar algunos acontecimientos. Esto se halla escrito en las estrellas y en los astros, por lo cual tenemos que respetarlo. Claro que podemos suavizar nuestro sufrimiento y que el conocimiento nos ayuda, mas no nos está permitido saberlo todo.

«Mi gran amor era gitano también, pero de ascendencia francesa; se llamaba Julián y era apuesto, de porte aristocrático, había reencarnado muchas vidas en la corte.

«Julián también me amaba; todo parecía hermoso e idealizábamos un futuro feliz. Siempre fui muy seductora y él no se sentía seguro a mi lado. Yo no lo hacía por maldad, sin embargo, la energía de la seducción estaba impregnada en mí; yo no tenía la culpa de que los hombres se enamoraran de mí sin que yo hiciese nada porque eso ocurriese. Las mujeres de la tribu estaban intrigadas y no encontraban explicación. ¿Por qué algunas, aunque eran más bellas, no poseían el mismo magnetismo que yo? Confieso que eso me agradaba; me gustaba sentir que los hombres me admiraban, y jugaba un poco con esa situación, pues era una broma que yo hacía. Julián sufría mucho y yo fingía no darme cuenta mientras continuaba con mi juego de seducción.

«Hice sufrir a muchos hombres y no tenía conciencia del mal que les hacía. El tiempo fue pasando y Julián se fue mostrando cada vez más distante y sentía mucha amargura por mí, hasta que un día apareció por aquí un carruaje y algunas mujeres descendieron de él para que yo leyese sus manos. Una de ellas me llamó la atención, porque sentí cierto peligro en su mirada que yo no sabía explicar, y no quise leer su mano. Julián llegaba en ese momento y ella se aproximó a él como si ya lo conociese; se fueron caminando juntos y yo me quedé ahí, llena de celos, y los fusilé con la mirada. Él volvió muy tarde y yo juré que viviría la mejor noche de amor de su vida, lo cual efectivamente sucedió. Julián deliraba en mis brazos, dormimos abrazados y cuando desperté, él no estaba a mi lado. Lo busqué por todas partes y lo llamé a gritos, desesperada: '¡Julián, Julián!' Sin embargo, no lo encontré, pues él ya se había ido con ella. Mis gritos fueron escuchados por todos, que corrieron asustados. Mi consuelo fue el bello recuerdo de la noche que pasamos juntos, y nunca voy a olvidar esos últimos momentos de mi historia de amor.

«Nunca más tuve noticias de Julián, y jamás logré amar a otro hombre, incluso sabiendo que acabaría mis días completamente sola. En el momento en que él salió de mi tienda descubrí el verdadero amor y lloré arrodillada pidiéndole perdón por todo lo que le hice. Comencé a buscar respuestas para lo que había sucedido en mi vida y, así como tú, también solicité la ayuda de los más ancianos, quienes me enseñaron la ley del retorno. Presté más atención a mis actitudes y logré aprender mucho por medio de ese sufrimiento. El tiempo fue pasando y yo volví a sentir alegría de vivir, pero nunca más seduje a alguien. Sabía de la responsabilidad de mis actos, volví a sonreír y a ser feliz, y hoy agradezco tanto a los cielos por todo ese aprendizaje, como principalmente a Julián; sé que nos encontraremos en otra vida. Aprendí profundamente esa lección.

«Por lo tanto, querida Dorotea, entrega tu vida al destino y deja que la Luna ilumine tus pasos. Recuerda siempre que, dondequiera que estés, esa Luna se hallará en todos los lugares e iluminará a todos al mismo tiempo; por eso la distancia no existe. Incluso cuando nos encontramos lejos uno del otro, estamos siendo iluminados por la misma luz de la Luna, que nos acompaña siempre y en cualquier lugar; por ello, el tiempo y el espacio no existen, sino que somos parte de un gran todo y al final seremos uno solo.»

Las lágrimas caían de sus ojos y de los míos, y nuestro abrazo mezcló nuestras lágrimas y nos volvimos una sola en nuestro espíritu.

—Gracias, Alina, por tu cariño y dedicación; nunca me olvidaré de ti; dondequiera que esté me acordaré siempre de tu historia de amor, y con ello superaré cualquier obstáculo.

Prometí a Alina que enseñaría a mis amigas más jóvenes el arte de la ciencia adivinatoria.

Comencé reuniendo a un grupo de amigas, con quienes al atardecer me sentaba en el campo sobre la hierba. Mi primera clase fue acerca de los signos.

Siempre me gustó mucho observar los astros. Pasaba algunas horas mirando el cielo y el brillo de la Luna, y me sentía envuelta por su magia. Desde niña aprendí a respetar la belleza del universo, el resplandor de las estrellas, y me preguntaba si habría vida en otros planetas. Observaba los astros en el cielo e intentaba identificar lo que había aprendido sobre astrología. Sabía que esa ciencia existía desde 5 000 años antes de Cristo, y asociaba a las personas nacidas en determinados periodos con la manera como se comportaban.

Sabía también que a pesar de que dos personas nacieran el mismo día y a la misma hora, no eran iguales, pues estaban en distintos grados de evolución y, a pesar de que sus karmas fueran parecidos, cada espíritu poseía su individualidad y las experiencias adquiridas en otra vida. Cada uno tiene su misión que cumplir, por lo cual la astrología ayuda a conocer las características de las personas, mas eso no quiere decir que todos los que nacen en el mismo momento sean iguales.

Siento mucha satisfacción en analizar a las personas por sus signos, y trato de ayudarlas a no ser llevadas hacia el lado negativo, sino a buscar el camino del medio, el equilibrio. Cada signo posee un simbolismo, a saber:

Puñal —del 22 de marzo al 20 de abril—: son personas impulsivas, pero sinceras y auténticas. El puñal simboliza la Luna, el coraje y la fuerza de las personas que nacieron en ese periodo. Marte es el regente de este signo guerrero.

Corona —del 21 de abril al 21 de mayo—: son románticos y sueñan con un gran amor. La corona simboliza la unión entre dos seres, así como la capacidad de entrega y dedicación al prójimo. Venus rige a este signo.

Candil —del 22 de mayo al 22 de junio—: son personas mudables, que resuelven cualquier desafío y se adaptan a todo con facilidad. Las personas de esa vibración son siempre alegres y expansivas. Este signo está regido por Mercurio.

RUEDA —del 23 de junio al 23 de julio—: son personas emocionales y sentimentales, a quienes les gustan los niños. La rueda simboliza el movimiento, la energía, la renovación y los cambios emocionales. Son regidas por la Luna.

ESTRELLA —del 24 de julio a 23 de agosto—: las personas que nacen en este periodo poseen una gran fuerza mental, son creativas y muy protectoras y están regidas por el Sol. La estrella representa el brillo, el magnetismo y la energía.

CAMPANA —del 24 de agosto al 23 de septiembre—: son personas críticas y no admiten errores, aunque también son cooperativas, siempre dispuestas a ayudar a todos. Regidas por Mercurio, son perfeccionistas y con gran rapidez mental.

MONEDA —del 24 de septiembre al 23 de octubre—: son personas que detestan las situaciones de conflicto y que siempre están en busca de la paz y la armonía. Su regente es Venus, el planeta de la belleza, del arte y del amor.

DAGA —del 24 de octubre al 22 de noviembre—: son personas fuertes, poderosas, impacientes e impulsivas, que experimentan todo con mucha intensidad y no admiten términos medios; además, son muy sinceras y profundas. Marte es su regente.

HACHA —del 23 de noviembre al 22 de diciembre—: todos los que nacen en esa época del año son personas libres e independientes, a quienes no les gusta ser presa de las situaciones, pues son aventureras. Júpiter es su regente.

HERRADURA —del 23 de diciembre al 19 de enero—: los nativos de este periodo son personas que no se arriesgan con facilidad, ambiciosas, prudentes y persistentes, y están siempre en busca de sus objetivos y no descansan hasta que los consiguen. Su planeta regente es Saturno.

COPA —del 20 de enero al 19 de febrero—: las personas que nacen en ese periodo son excéntricas y vanguardistas, están siempre al frente de la mayoría en sus acciones e ideas, y necesitan libertad para sentirse realizadas. Urano es su regente.

CAPILLA —del 20 de febrero al 21 de marzo—: son óptimos amigos, sensibles y siempre listos para ayudar; perciben mucho el ambiente a su alrededor, y necesitan fortalecerse espiritualmente para no sentirse succionados por la energía negativa de las personas que los rodean. El planeta regente es Neptuno.

Hacemos algunos rituales bajo la Luna, que es femenina y fue adorada como Isis en Egipto; pero para nosotros es Sara, la madre, el útero, la protectora. Un matrimonio se realiza siempre en Luna llena, y un paseo para restituir la salud debe ser hecho en un día de mucho sol.

Enseño a mis amigas que untar el cuerpo con aceite de rosas blancas después del baño atraerá el amor; también les transmito un ritual en el que escribimos, en un corazón rojo de papel, las iniciales del nombre completo de la persona amada; cada una dibuja su signo astrológico y el signo de esa persona, a la vez que anota la fecha de nacimiento y enseguida pasa nueve veces el papel sobre el corazón, pidiendo a Afrodita, la diosa del amor, que armonice la relación entre los dos.

Mis enseñanzas fueron siempre para ayudar a mejorar las relaciones y no para atrapar a nadie; sin embargo, a pesar de tener conocimiento de numerosos hechizos, creo que todo tiene su tiempo y que para madurar, un fruto necesita un periodo para germinar.

Siempre que enseño algo, atraigo inmediatamente una situación semejante a aquella que transmití, como si tuviese, yo también, que aprender aquella lección, y entonces pienso: «Llegó el momento de saber si realmente aplicas aquello que enseñas»; intento ser coherente, pues sé cuál es mi responsabilidad en relación con los consejos que doy.

Hoy desperté feliz, pues Manolo está a mi lado: enseguida caminamos por los alrededores, recogemos flores en el bosque, nos bañamos en el río, nos sentimos en paz. Parece que la vida se detiene en ese momento y que no existen el tiempo ni el espacio; al mismo tiempo, presiento que algo va a suceder, tengo una extraña sensación de despedida. Le cuento a Manolo acerca de mis inseguridades y él acaba confesando que se ausentará por un tiempo para aprender con otras comunidades gitanas aquello que todavía no sabe.

Siento un hueco en el corazón y, a pesar de la angustia, entiendo que su partida es necesaria y que no puedo retenerlo, pues tampoco me gustaría sentirme presa. Siempre valoré mi libertad y tenía que respetar a Manolo en sus búsquedas. Me puse triste, pero lo dejé partir. Ese día sentí un vacío en mi pecho, una sensación de que nuestro amor era puesto a prueba. Pasé la tarde en la ribera del río, donde sentí el frescor del agua y la nostalgia me invadió. Cuando estaba muy triste, conversaba con Alina y miraba la Luna en el cielo recordando que, donde él estuviese, la misma Luna iluminaría sus pasos.

EL AMOR VENCE A LA TRADICIÓN GITANA

Procuro no pensar mucho en Manolo y continúo con mis clases. Explico que la práctica de la quiromancia es no sólo adivinación, sino también una forma de conocimiento del cuerpo, de la mente y del espíritu, y ayuda a orientarnos en la salud y el destino. En esa práctica, lo más importante es leer los ojos de las personas y tocar sus muñecas para sentir su nivel de vibración energética. Solamente a partir de ese momento comienzo la lectura de las manos.

Hoy vamos a iniciar los estudios del tarot. Dolores, mi hermana espiritual, siempre me ayuda en el trabajo, además de ser muy dedicada y fiel. Estamos muy unidas y confiamos una en la otra. Una joven gitana llamada Lara también está interesada en estos asuntos y, por ser muy curiosa, siempre quiere saber de todo. Ella tiene un amor que no pertenece a nuestro grupo, a quien nosotros llamamos *gadjo*, que quiere decir «hombre de ciudad». Le aconsejo tener paciencia, pues el tiempo los irá aproximando; ella sufre por no estar con él y muchas veces piensa en dejar nuestra comunidad y partir con él, pero no consigue decidirse totalmente. Durante ese conflicto, Lara quedó embarazada. Ella sabe que será excluida de la tribu por eso y tiene miedo. A pesar de su gravidez, conseguimos que no sea expulsada. Alina y yo entendemos su historia de amor y nos preocupamos por ella porque sabemos que está sufriendo mucho.

Cuando Lara supo de su embarazo, quiso morir. La encontré caída en el suelo cerca del río, y sentí que ella se suicidaría, ahogándose en él. A pesar de no saber nada, me acerqué y le dije:

—No tienes derecho a hacer eso, tu vida te pertenece, pero no la que está en tu vientre; si te destruyes, destruirás también la vida que no te pertenece. Tú no sabes si ese embrión puede ser un espíritu de curación que ayudará a miles de seres, y que tú serás responsable de su muerte. Recuerda que no estás sola, pues llevas dentro de ti el fruto de tu amor, y por ese ser que va a nacer debes vivir.

Mi mirada penetró en sus ojos con toda intensidad. Ella se levantó asustada y corrió de regreso a su tienda. Inmediatamente sentí una gran y profunda angustia, a la vez que un cansancio muy fuerte se apoderó de mi cuerpo. En ese momento sufrí el golpe del retorno —lo cual significaba que había absorbido su sufrimiento, y cuando ese sentimiento saliera de mí ya no me pertenecería. Eso fue otra cosa que aprendí: lo que no nos pertenece no está con nosotros; por lo tanto, no necesitaba protegerme espiritualmente; así como absorbía lo negativo, también lo eliminaba porque no me pertenecía, no era mío.

Lara tuvo una hermosa niña que era la alegría de nuestra tribu, fruto de un gran amor, y no conseguía entender el alejamiento de Fabricio. Él era un hombre rico y muy dominado por su madre, Leonor, una mujer posesiva y manipuladora, que jamás permitiría que su hijo se casase con una gitana. Cuando supo que Lara estaba embarazada, la buscó y le ofreció mucho dinero para que desapareciese de la vida de él. Lara se sintió humillada y muy triste, por lo cual pensó en acabar con su vida y la de la criatura, pero afortunadamente desechó esa idea. Leonor no estaba conforme con el amor de su hijo por aquella gitana de largos y negros cabellos, y Fabricio estaba confundido: su madre calumniaba a Lara y decía que los gitanos eran ladrones y que no amaban a nadie, que él estaba viviendo un espejismo, pues ella lo había seducido por medio de hechizos. Ante ello, Fabricio no sabía qué hacer e intentó apartarse, por lo cual pasó un largo tiempo sin buscar a Lara, con la intención de olvidarla. Atormentado y sintiéndose confundido, comenzó a beber para olvidar su gran amor.

Los meses fueron transcurriendo y Lara entendió que solamente el tiempo podría ayudarla. Comenzó a comprender mediante mis enseñanzas de astrología que ellos dos eran almas gemelas y que, aunque no estuviesen juntos físicamente, estaban ligados en lo espiritual y debía dejar que él resolviese sus karmas con su madre. Por desgracia, Lara no podía hacer nada. Si ello fuese permitido por el plano espiritual, un día volvería a verlo. Entregó su vida al destino, pero ella no dejó de evolucionar, sino que buscó cada vez más conocimientos espirituales para entender lo que le ocurría, y muchas veces se preguntaba: «¿Por qué no consigo olvidarlo? Si existen tantos hombres que quisieran estar conmigo, ¿por qué vivo en esta eterna espera?» En ciertos momentos, se notaba en sus ojos mucha tristeza, pero aun así ella realizaba sus trabajos sin dejarse llevar por la desesperación, y siempre me decía que la comprensión hacía que aceptase esa situación.

Un día, Fabricio apareció inesperadamente, llorando e implorando que volvieran a estar juntos. Si fuese necesario, se uniría a la tribu y se casaría con ella. En este momento entró Susana, bella y muy parecida a él e inmediatamente la reconoció como su hija; los tres se abrazaron y a partir de ese momento nunca más se separaron. Él abandonó a su familia de origen, pero fue muy difícil que nuestra tribu lo aceptara. Según la costumbre tradicional, si un gitano se enamora de una joven *gadji,* ella sólo podrá unirse a la tribu si es aceptada por el líder, pero jamás será vista como un miembro de la familia y siempre será tratada como una extranjera; por el contrario, si una mujer se enamora de un hombre ajeno a la tribu, será obligada a dejarla para irse a vivir con él. En el caso de Lara, el Consejo se reunió y razonó que no sería justo separar a dos personas que se amaban; además de eso, existía una criatura involucrada en esa historia que necesitaba el cariño de su padre. Después de muchos cuestionamientos, el Consejo permitió la entrada de Fabricio, quien se incorporó a la tribu gitana y se casó con Lara.

Con el paso del tiempo, Fabricio comenzó a sentir una gran culpa por haber abandonado a su familia. Quería seguir teniendo contacto con las hermanas a las que adoraba, pero Leonor no permitía que ellos se encontrasen, pues temía la influencia negativa de Lara sobre sus hijas, por lo cual las volvía contra ella. Lara, desesperada, vino a pedirme consejo sin saber qué hacer. Yo le dije que esa culpabilidad haría que él cayese preso de aquellos espíritus a los que había abandonado, y que en las próximas encarnaciones todos tendrían que encontrarse para resolver esa situación. Le expliqué que esas emociones quedan impregnadas en el plano astral y que los espíritus permanecen ligados entre sí: Fabricio por la culpa y Leonor por la amargura de ese abandono. Lara también estaría involucrada en esa tela del karma por el hecho de que Leonor la odiaba y había prometido vengarse. Así se creó un vínculo kármico entre esos espíritus, y en otras vidas tendrían que encontrarse en diversas situaciones para que dicha negatividad pudiera ser revertida.

Cuando le hacemos algo a alguien y sentimos mucha culpa o amargura, quedamos presos por un hilo energético que sólo se disolverá cuando las partes involucradas consigan realizar el trabajo del perdón, cuando se perdonen entre sí. Muchas veces las historias se repiten, pues esos espíritus no tienen conciencia de lo ocurrido en otras vidas y crean un vicio que puede persistir por muchas encarnaciones. Por ello son importantes nuestros estudios espirituales; de lo contrario, podemos pasar muchas encarnaciones atrayendo a los mismos espíritus y repitiendo las mismas situaciones. Enseñé a Lara a realizar el trabajo del perdón, y le expliqué que el odio de Leonor la acompañaría; ella no tenía nuestros conocimientos y lo mejor que se podía hacer era no involucrarse en los conflictos de Fabricio, orando por él y escuchándolo con amor. Lara estaba más tranquila y hacía lo que yo le sugería; le decía que no es Dios quien nos juzga, sino que nosotros elegimos las lecciones que debemos aprender en cada vida en la Tierra. Pero no podemos dejar nada sin resolver, y lo que está inconcluso debe ser vivenciado nuevamente.

El tiempo fue transcurriendo y yo me dedicaba cada vez más a las personas que me buscaban pidiéndome alguna ayuda. Ya era conocida en muchos lugares y todos hablaban de la gitana Dorotea, que curaba y daba buenos consejos. Yo continuaba alegre y feliz, hasta que un día fui escogida por todos para ser la consejera de la comunidad y ayudar a Alina, quien ya estaba muy cansada; ella misma me eligió para ayudarla.

A pesar de sentirme honrada por el ofrecimiento, también sentí el peso de la responsabilidad y, a partir de ese momento, supe que debía cambiar mi postura: ya no podría estar riendo y jugando con mis jóvenes amigas gitanas, sino tendría que imponer respeto. Tomé tan en serio ese nuevo cargo, que dejé de sonreír, pues sentí que me había sido colocado un enorme peso sobre mis hombros.

Muchos se extrañaban de mi manera de actuar, pero entendieron que todo había cambiado; ya no tenía mucho tiempo para mi pueblo, pues los extranjeros consumían bastante de mi energía, como si succionaran todo lo que yo sabía; sin embargo, yo no me daba cuenta de esa situación y me dejaba llevar por las circunstancias. No tenía más tiempo de pensar en Manolo, quien ya hacía algún tiempo que se había ido y yo no sabía nada de él. Sentía nostalgia y al mismo tiempo mucho resentimiento. ¿Por qué no me enviaba noticias? ¿Sería que ya me había olvidado? Trataba de no pensar y me dedicaba al trabajo, que en aquel momento era más importante que todo.

No abandoné mis enseñanzas: por más cansada que estuviese, continuaba con las reuniones nocturnas. Como resultado de ellas, mis amigas aprendían astrología y eso me hacía feliz.

LOS GITANOS Y SU SABIDURÍA MILENARIA

Vamos a encontrarnos de nuevo. Hoy voy a unir las cartas del tarot con la astrología y enseñaré el arte de leer el pensamiento. Esto último consiste en sentir lo que la otra persona siente, es una especie de inesperada incorporación. Cuando nos involucramos con el sentimiento de la persona, siempre con el deseo de ayudar, pasamos a ser lo que el otro es, nos transformamos en una especie de termómetro que siente el miedo, la inquietud o la confusión del otro. Así podemos indicar la solución de ese conflicto que vive la persona, lo cual sucede cuando penetro profundamente en la mirada de alguien y logro sentir sus deseos y ansiedades. Aconsejo a la persona como si me aconsejase a mí misma. Esta técnica sólo se aprende con la experiencia, pues es un desarrollo de nuestra sensibilidad.

—Hoy voy a enseñarles la lectura del tarot. ¿Ustedes saben que las cartas del tarot vienen del antiguo Egipto? ¿Saben por qué esa enseñanza fue transformada en cartas? Porque los sacerdotes egipcios previeron una época de decadencia espiritual y las enseñanzas sagradas serían destruidas por los perseguidores. Ellos sintieron la necesidad de encontrar una forma de preservar de la destrucción las enseñanzas. Un sabio egipcio anunció que la Humanidad pasaría por una declinación moral y que el vicio prevalecería; además, sugirió que ese conocimiento se transformase en cartas de juego. Así se hizo y hoy tenemos esas cartas en nuestras manos, que revelan el verdadero conocimiento iniciático; por lo tanto, tenemos que tocarlas como si tocáramos algo sagrado, debemos manipularlas con mucho respeto.

Todos los presentes estaban embelesados con mi conocimiento y yo me sentía muy feliz de compartir con ellos lo que sabía.

Cuando terminaba el día, estaba tan cansada que no podía pensar en mi vida. Las personas llegaban de todas partes, por lo cual comencé a estar saturada con tanta presión, pues me sentía sofocada y con una sensación de aprisionamiento interno. Era libre para salir e ir adonde quisiese, mas no conseguía ausentarme de mi tienda, donde aparecían personas de todos los lugares para consultar conmigo. No tenía tiempo para nada. ¿Dónde estaba aquella Dorotea libre y feliz? Sentía el deseo de irme de ahí, de huir, de desaparecer por algún tiempo.

LA AMBICIÓN VENCE AL AMOR

Muchos hombres poderosos de Portugal iban a verme para pedirme orientación sobre algunos negocios y mi fama fue creciendo. Todos llegaban y preguntaban: «¿Dónde está Dorotea, la poderosa gitana de Sevilla?»

Un día apareció un hombre guapo, muy rico y poderoso, que se enamoró de mí. Su nombre: Antonio Jorge; cuando lo conocí, no sentí nada especial por él, a pesar de ser un hombre apuesto y altivo. A los pocos días, él me fue seduciendo y yo percibí la posibilidad de huir de ahí. Él se dio cuenta de mi interés por las nuevas experiencias y me propuso que me fuera con él. Mi primer impulso fue decir no, pues me acordé del sueño de Manolo; sentí un escalofrío que subía por mi cuerpo y con rapidez aparté el sueño de mi mente; decidida, invité a Dolores para que se fuera conmigo. Le dije que estaríamos lejos un corto tiempo y que después volveríamos (Manolo había partido hacía mucho tiempo y yo no sabía lo que había pasado con él, quién sabe si ya me había olvidado). Dolores se entusiasmó, empacamos nuestras cosas y partimos de madrugada.

Cuando estábamos dentro del carruaje, vimos a Manolo que llegaba. Miré a lo lejos y para no correr hasta él y abrazarlo, le lancé una mirada fría y distante. No podía volver atrás en mi decisión, que involucraba a otras personas y situaciones. Sentí el dolor en su pecho y una herida en mi corazón, como si me hubiesen dado una puñalada. Manolo no sabía que nos estábamos yendo a Portugal, pero deducía que ocurría algo extraño, pues de lo contrario no estaríamos dentro de aquel carruaje.

A partir de ese momento comenzó todo mi suplicio. En mi interior, sabía que estaba haciendo algo equivocado, que no debería huir de esa manera, abandonando a mi pueblo; sin embargo, el poder de aquel hombre me seducía y tenía ganas de conocer otros lugares. Dolores y yo mirábamos todo a nuestro alrededor, encantadas y asustadas a un tiempo. ¿Cómo sería nuestro futuro? Yo, que descifraba el futuro de muchas personas, no lograba saber cuáles serían los próximos acontecimientos ni lo que nos estaba reservado. Me acordaba de Alina al decir que no podemos saber todo lo que va a suceder, para no interferir con nuestro destino.

El noble señor estaba sentado al frente, muy imponente, sintiéndose superior. Mediante sus actitudes y mi intuición, yo lograba percibir que no era una persona fuerte, a pesar de su postura de poder;

en el fondo, él era un hombre débil tanto interior como espiritualmente. Yo sentía que él estaba en mis manos, y mi destino en las manos de él.

Procuré no pensar en nada y suspiraba con el galope de los caballos. Era una noche fría, en la que caía una lluvia fina y constante. Sentada entre los almohadones, Dolores observaba con mirada triste la lluvia. «¿Qué ocurre dentro de ella? ¿Estará arrepentida?» Intenté distraerla y procuré llamar su atención sobre la vegetación del campo. Dolores se animó y conversamos alegremente. Había una mezcla de ansiedad y expectación en nuestra mirada. Reíamos de todo, como si fuésemos dos criaturas; parecía que la alegría y la irreverencia se habían apoderado nuevamente de nosotras.

Deseaba ardientemente que la responsabilidad de mi trabajo permaneciese en Sevilla y que me sintiese más libre de todo el peso de la responsabilidad de ser la consejera de la tribu. Había dejado con Alina un mensaje para Manolo. En su interior, ella sabía todo y él también, por lo cual sentí rencor: ¿por qué Manolo no hizo nada por evitar que me marchara? ¿Sería que él no me amaba lo suficiente? ¿Por qué no corrió tras de mí e hizo que el carruaje se detuviera? Y yo, ¿por qué no me lancé a sus brazos? ¿Por qué lo miré fríamente? ¿Qué estará haciendo? ¿Pensará en mí? Yo sé que Alina va a ayudarle a aliviar su sufrimiento y que le explicará a nuestro pueblo por qué me fui. Ella me comprende y me pidió que entregara mi vida al destino y así lo hice; pero ahora, ¿qué me reserva el futuro?

En el mensaje a Manolo le hablé de mi amor y él tiene conciencia de ello. Debo seguir mi destino sin miedo ni dolor, pero no logro controlar los latidos de mi corazón; él habla más alto y el dolor en mi pecho me revela que algo no saldrá bien.

Frente a mí, Antonio Jorge trata de ser simpático, toma mi mano y yo siento repulsión, pero no consigo entender por qué si antes lo admiraba. Finalmente, ¿cuál es el papel de ese hombre en mi vida?

Procuro sonreír y el conflicto persiste dentro de mí. Estamos casi llegando —dice él—, ya avistamos las luces de las antorchas frente a nosotros. «Qué lugar tan bonito —pensé—. ¿Seré feliz aquí?»

—Estamos ya en suelo portugués —añade él. Un escalofrío recorrió todo mi cuerpo, como un terrible presentimiento. El carruaje fue parando lentamente y él nos dio la mano para bajarnos. Ya era de día y algunas personas se fueron aproximando, pero él las apartó rudamente. Sin embargo, no me gustó su comportamiento, pues parecía que despreciaba a los pobres. Seguimos por entre los árboles, como si él nos estuviese escondiendo de alguien, y finalmente llegamos a una casa enorme. Entramos por la parte de atrás y no por el frente, como esperábamos; sentí algo extraño, a pesar de lo cual no cuestioné nada. Subimos la escalera y nos encontramos en un gran cuarto, que más parecía una casa dentro de otra, donde había un lugar para comer. En la habitación contigua, separada por una cortina gruesa, estaba nuestro cuarto de baño, con una pequeña vasija, y más adelante dos camas. Como estábamos acostumbradas a vivir dentro de un ambiente separado sólo por paños, no nos extrañamos mucho del lugar, pero con certeza habíamos esperado algo mejor y diferente. Intentamos sonreírnos una a la otra y nuestra sonrisa fue completamente deslucida.

Nuestra tienda en Sevilla era mucho más bonita que aquel sitio. Faltaba no sólo encanto y belleza en aquellas cortinas caídas, sino también nuestro toque de sensualidad en cada detalle; intentamos colgar nuestros chales en las paredes para hacerlas más parecidas a nuestro hogar, y conseguimos energetizar el ambiente, antes carente de vibración.

Continuamos alegres nuestra búsqueda, pues teníamos que rezar para fortalecernos, y así lo hicimos; además, pedimos luz y orientación a nuestros guías espirituales.

Enseguida nos fuimos a dormir. Las dos camas estaban separadas por una cortina y Dolores y yo conversamos hasta que nos invadió el sueño. Exhaustas y ansiosas, nos despertamos tarde al otro día y decidimos pasear por los alrededores. Cuando salíamos por la puerta por la que habíamos entrado, vimos a dos guardias, uno de cada lado, que nos empujaron hacia adentro con grosería. Gritamos y fuimos sofocadas por sus fuertes manos. Nos dimos cuenta de que estábamos presas como dos ladronas. ¿Qué significaba todo aquello? ¿Dónde estaba Antonio Jorge? ¿Por qué no aparecía? Cuando preguntábamos por él sólo escuchábamos risas y bromas, a la vez que los guardias decían que él estaba con su mujer y sus hijos y que no había lugar para dos gitanas junto a él.

En ese momento tuvimos la plena certeza de que a ellos no les gustaban los gitanos, porque nos trataban como si fuésemos inferiores a ellos.

Nos sentimos indignadas y asqueadas, y gritamos con todas nuestras fuerzas:

—¿Qué estamos haciendo aquí? ¿Por qué estamos pasando por esto? ¡Queremos volver a nuestra tierra, a nuestro pueblo, queremos irnos ahora mismo de este lugar!

Llorábamos abrazadas. Dolores y yo estábamos en el punto máximo de la desesperación, por lo cual pedimos ayuda espiritual, imploramos a santa Sara que nos orientase y decidimos que no podríamos flaquear, teníamos que ser más fuertes que ellos (yo conocía numerosos hechizos que ellos no sabían, pero estaba consciente de que no podría usarlos).

Resolví quedarme quieta y esperar el momento oportuno para escapar de ahí y regresar a Sevilla. ¿Seríamos aceptadas por nuestro pueblo? En aquel momento no podía preocuparme por eso.

Presentíamos que no seríamos aceptadas en ese lugar y que lo que parecía una feliz aventura se convertiría en una terrible pesadilla. Pasamos varios días encerradas en aquel cuarto, y un horrible sentimiento de odio se desarrolló en nuestro corazón, sentíamos coraje contra todas las personas que se acercaban a nosotros. Permanecíamos despiertas de noche haciendo planes para vengarnos de todos, y ese sentimiento nos hacía mucho mal. Yo pensaba: «¿Hasta cuándo aguantaremos esta situación?» Cuando me sentía muy angustiada, pedía ayuda espiritual a Alina, intentando comunicarme con ella a distancia, y al concentrarme sentía su presencia pidiéndome calma. Pensaba en lo que Alina me había enseñado acerca del destino. ¿Para eso yo me había entregado a mi destino? ¿Para terminar mis días encerrada en aquel maldito lugar?

Me sentía responsable de Dolores, pues yo la había alentado a venir conmigo, y ahora ella también estaba prisionera. Al principio no entendíamos lo que querían de nosotros, ni por qué nos tenían ahí. Poco a poco fuimos percibiendo que ellos querían absorber mi conocimiento espiritual, querían robarme mis dones, sentían por mí una mezcla de admiración y envidia. Lo sentía en la mirada de las mujeres que llegaban a consultarme como si yo fuese de otro planeta, lo cual me molestaba mucho; otros venían para ponerme a prueba, pues querían ridiculizarme. Cuando eso sucedía, un calor subía por mi cuerpo y mi fuerza espiritual intimidaba a quienes trataban de causarme algún mal. Así fue pasando el tiempo, que parecía una eternidad, aunque yo tenía esperanza de reencontrar a mi gran amor.

Conocí a personas interesantes y bondadosas, que buscaban ayuda verdadera, y a ellas les dedicaba toda mi atención, mi cariño y mi amor. Eran simples y humildes; una de ellas era Viviane, quien siempre nos regalaba flores que recogía en los campos, además de plantas para hacernos té y otras especias. Me sentía muy feliz con su atención, porque sabía que era honesta y amigable. Ella muchas veces afirmaba que un día nos llevaría de vuelta a Sevilla (era un compromiso de su espíritu regresarnos a nuestra tierra). Cuando nos decía eso, crecía nuestra esperanza de volver a nuestras raíces. Vivi (como le gustaba que la llamáramos) también se desahogaba con nosotras y nos decía que tenía un hijo enfermo, y juntas orábamos por él siempre que podíamos. Nos fuimos aficionando unas a las otras y siempre recordaré el cariño de Vivi por nosotras. Sé que las amistades verdaderas también permanecen, y con certeza nos encontraremos en otras vidas, porque estamos ligadas por un lazo energético que nos acercará.

A otra señora le gusta mucho estar con nosotras y siempre nos trae comida, dulces, pastelitos y varias golosinas. Su nombre es Fátima, quien tiene una enfermedad en las piernas y yo la curo con mis oraciones. Es muy alegre y, a pesar de todo su sufrimiento, siempre nos da valor. Trae con ella las hierbas que necesito para hacer mis remedios. Fátima sabe de nuestra tragedia y, no obstante su enfermedad, nos visita todas las semanas, durante las cuales nos ayuda con amor.

A cambio, nosotras la curamos con nuestras manos. Como no podemos salir del cuarto, nos sumergimos tanto en nuestro trabajo que olvidamos que estamos en un arresto domiciliario.

Miles de personas vienen de muy lejos sólo para conocerme, de modo que casi no tengo tiempo para mí.

Asimismo, hay un guardia que es muy malo y siempre nos está vigilando, él nos trae nuestra comida y percibimos que no le gustan los gitanos; además, tiene una pésima energía y siempre está blasfemando. Al principio intentamos ser simpáticas con él, pues incluso frente a las dificultades somos alegres por naturaleza y él se molesta con nuestra alegría.

Algunas veces, Antonio Jorge aparece y mi odio por él crece cada vez más. Siento deseos de acabar con su vida, pero estoy consciente de que no debo hacerle ningún mal con los hechizos que conozco, pues existe la ley del retorno y un día yo tendría que pagar por eso. Siempre supe que los sentimientos negativos también quedan registrados en el universo, y un día regresarían a mí; y mientras no aprenda a transformar el odio en amor, no conseguiré salir de ese lugar y todo será mucho peor —tendré que regresar muchos siglos después para limpiar esa energía que quedó impregnada en el astral.

Antonio Jorge siempre trae con él a hombres importantes para consultarme, para que les lea las manos y pueda orientarlos en sus negocios. La mayoría de ellos respeta mi trabajo porque conoce mi fama, aunque pocos quieren saber sobre el amor, pero muchos sobre los negocios. Entre esos hombres hay un juez, de nombre José, hombre fuerte, poderoso, experto y perspicaz. Cuando vino por primera vez, se mostraba muy desconfiado, de modo que no se acercó mucho, pues sentía recelo de lo que yo le diría, mas después conquisté su confianza y poco a poco fue perdiendo el recelo que tenía contra mí. José posee una risa franca y verdadera, y hemos creado una sincera amistad y complicidad. Me desahogué con él y le conté que era prisionera de Antonio Jorge y que quería huir de ahí.

Percibí que él se interesó en ayudarme. Sabía que él era amigo de Antonio Jorge y que debería tener cuidado, pues éste era un hombre violento y siempre intentaba aproximárseme. Yo rehuía cualquier contacto físico con él —todavía amaba a Manolo— y, como él era muy orgulloso, fingía que yo no le importaba e incluso llegó a despreciarme. Sabía de su fuerte atracción por mí, pero su mayor placer era dominarme, manteniéndome presa, y de esa manera yo me sentía inferior a él.

Le conté a José de mi relación con Manolo y él se portó muy amigable y procuró entenderme (era un hombre muy íntegro). Se propuso hablar con Manolo porque siempre viajaba a Sevilla por motivos de trabajo. Prometió que me ayudaría a encontrar a mi gran amor. Luego de transcurridos algunos días, José volvió con noticias de Manolo: me contó que se habían encontrado y que él sufría mucho, pero que había aprendido a aceptar el destino de la forma como éste se presentaba; sin embargo, sentía una inmensa nostalgia por mí. No sabía cómo podría ayudarme, pues nuestra tribu no tenía conocimiento de todo lo que había ocurrido, ya que Alina intentó ocultarles el verdadero motivo de nuestra fuga. José arregló un encuentro entre nosotros y descubrió una forma de llevarme hasta Manolo: sería en la próxima Luna llena.

LA LUNA TRAE A MANOLO DE VUELTA

José me dio la llave de una pequeña cabaña donde me encontraría con Manolo. Yo sólo podía pensar en eso y, junto con Dolores, hacíamos planes para escapar. En el día acordado conseguí salir sin ser vista. Cuando llegué, Manolo me estaba esperando, hermoso y muy feliz de verme. Nos abrazamos con fuerza, lloramos y reímos de alegría y emoción. Habían pasado algunos años y para nosotros era como si nos hubiésemos despedido el día anterior. Manolo repetía muchas veces:

—Parece que fue ayer cuando te fuiste. ¿Por qué, Doro, por qué me abandonaste?

Yo no sabía qué responder, sino sólo lloraba de emoción; ¡qué nostalgia de todo y de todos! Las horas que pasamos juntos se transformaron en minutos y luego tuvimos que despedirnos. Sentimos mucho dolor y tristeza y nos juramos amor eterno. Sé que ese momento sublime quedó registrado en el astral y que nuestro espíritu jamás olvidaría esa energía de amor que siempre existió y que continuará existiendo por toda la eternidad. Sabíamos que yo todavía no podría irme con él, que debía cumplir algo en aquel lugar; estaba en conflicto porque muchas personas me necesitaban. A pesar de la ira que sentía de estar ahí, también sentía aumentar mi afecto por algunas personas que eran mis amigas; otras eran envidiosas y querían destruirme, pero yo necesitaba aprender a convivir con esa situación. Explicaba todo esto a Manolo, quien comprendía, pero me quería a su lado. La pretensión de Manolo no era perjudicarme, sino pedía que yo siguiese la voz de mi corazón, porque él me esperaría siempre. En nuestro encuentro secreto, Manolo, llorando, me contó toda la tristeza que sintió cuando regresaba a mí y me vio en aquel carruaje yéndome con un hombre. Se sentía traicionado y engañado.

Hizo planes para descubrir cómo podía encontrarme. Se sentía desesperado y juró que jamás me perdonaría; al mismo tiempo sentía nostalgia, deseos de tocarme, de escuchar mi voz y, a pesar de vivir ese conflicto, resolvió pedir la ayuda de Alina, quien le aconsejó que me perdonara y le dijo que necesitaba apartarse de mí para valorarse él mismo y nuestros orígenes.

También me contó que trató de tener amores con otras mujeres, que su amor por mí era más fuerte que una atracción pasajera, y que tenía la esperanza de volver a encontrarme. El tiempo fue pasando y un día, cuando menos lo esperaba, llegó a buscarlo un señor muy simpático que decía saber dónde vivía yo y que lo llevaría conmigo. Manolo se sintió muy feliz y el resultado fue que nos reencontramos.

Ése fue uno de los momentos más bonitos de mi vida; sentí que flotaba en el aire, y sabía que ese instante mágico se quedaría registrado en nuestras almas por toda la eternidad. La fuerza de ese abrazo nos acercaría nuevamente, era una integración entre dos cuerpos y dos almas, y jamás olvidaríamos esa fusión energética y espiritual. Mi deseo era desaparecer con él y nunca más volver, pero algo me decía que todavía no podía irme: además de mi misión en aquel lugar, le había prometido a José que no huiría con Manolo, que todavía no era el momento, porque no podía dejar a mi hermanita.

Manolo, confundido, en ciertos momentos aceptaba nuestra separación y en otros se desesperaba y en su angustia repetía llorando:

—Vámonos ahora, Dorotea, no necesitas estar aquí; nuestro pueblo nos espera, ya fuiste perdonada, todos sienten mucho tu ausencia. Vamos, mi querida, seremos felices por siempre, no aguanto vivir sin ti, siento mucha nostalgia.

Manolo me sofocaba entre sus brazos y yo me sentía perdida, sin saber qué hacer, por lo cual le pedí tiempo. Acordamos encontrarnos el primer día de la Luna nueva, y así estaríamos siempre renovando nuestro amor. Esto sucedió muchas veces; contaba los días que faltaban para volver a ver a Manolo, agradecía a Dios por esa oportunidad de poder vivir las dos situaciones: cumplir mi misión y continuar viendo a mi gran amor.

Cuando me reunía con Dolores, Fátima, Vivi y otras personas, yo les contaba acerca de Manolo, les hablaba sobre la relación entre las almas gemelas, que muchas veces no logran permanecer juntas en la Tierra, por estar en distintos grados de evolución. Ellas se emocionaban con mi historia de amor, pues también tenían su alma gemela y sufrían por la ausencia de amor en su vida. Yo les transmitía todas mis enseñanzas con mucha alegría y juntas hacíamos varios rituales de las almas gemelas; al mismo tiempo me cuestionaba: «Yo les enseño qué deben hacer para estar con sus almas gemelas, y yo tuve a mi otra mitad a mi lado y abandoné a mi gran amor por vanidad y deseo de poder. ¿Por qué ocurre eso?» Fueron muchas las ocasiones en que no pude obtener todas las respuestas.

El tiempo transcurrió y esa situación se tornó insoportable, a tal grado que casi enloquecí y quería irme de ahí, pero sentía vergüenza y tenía miedo a la reacción de mi pueblo. ¿Sería perseguida y humillada por lo que había hecho? Me dediqué todavía más al trabajo y no me daba cuenta de lo que sucedía a mi alrededor, hasta que nuevamente llegó el día de encontrarme con Manolo. Era el primer día de Luna nueva y él debía estarme esperando ya. Dolores me ayudó: colocó flores en mi cabello y yo me sentí bella y radiante. Ella quiso ir conmigo y yo estuve de acuerdo.

Mi corazón parecía querer salir de mí; tanta era la emoción que sentía. Cuando intentamos subir por la ventana para salirnos —habíamos decidido escapar de una vez por todas de ese lugar—, descubrimos que era imposible huir de ahí, pues estábamos cercadas por varios guardias, que nos empujaron de nuevo hacia dentro. Mi desesperación aumentaba cuando pensaba en Manolo, que esperaba por mí, y no podía hacerlo esperar más. Lloré, grité, arañé a los guardias, pero nada pude lograr; ellos sólo se reían de nosotros, como si fuésemos dos idiotas. El odio crecía en mi interior; ahora sí, estábamos realmente presas. La rebeldía invadió todo mi ser y yo me preguntaba: «¿Dónde está la gitana Dorotea, bella y feliz? ¿Qué han hecho conmigo y por qué lo he permitido?» Sentía una profunda desesperación ante aquella situación y, a pesar de las dificultades, Dolores y yo rezábamos juntas todas las mañanas pidiendo paz y protección.

No veíamos la luz del día y salíamos a la terraza para mirar la Luna y las estrellas. Yo sabía que la misma luz que nos iluminaba iluminaría a mi amor, dondequiera que él estuviese. Agradecía a Dios y a Alina por mis conocimientos: eran ellos los que me daban el coraje para continuar.

Mucho tiempo pasó y yo sentía gran nostalgia de Manolo. Comenzó de nuevo a crecer en mí el sentimiento de odio y gritaba: «¡Quiero irme ya para mi casa, odio a todo y a todos!»

LA REBELIÓN DE LA GITANA DOROTEA

Me sentía usada por aconsejar a todos sin recibir nada a cambio: curaba a las personas de sus enfermedades, menguaba el dolor físico de los enfermos e incluso ayudaba moralmente a quienes sufrían alguna injusticia. Pasaba bastantes noches en vela orando por los dolientes y nadie me valoraba por eso; era como si fuese su esclava, succionada en cuerpo, alma y espíritu. Vivía en ese eterno conflicto, porque también sentía amor por muchas personas que realmente necesitaban mi ayuda. Se creó en mí una relación de odio y amor, hasta que un día supimos que iba a haber una gran fiesta en el lugar. Mirábamos por la ventana los carruajes que se aproximaban; las mujeres lucían largos vestidos de fiesta y los hombres estaban ricamente ataviados.

El sentimiento de ira crecía y juraba que me vengaría de todos ellos. Salí corriendo y atravesé un corredor enorme, mientras Dolores me seguía desesperada, pidiéndome que regresara. Yo no oía nada, pues estaba trastornada y los guardias intentaban sujetarme. Parece que mi furia y mi odio hacían que todos tuvieran miedo de mi fuerza. Corrí mucho, traspasé barreras y, exhausta, llegué al final del corredor, donde había una escalera. En el piso de abajo se llevaba a cabo la fiesta.

Desde lo alto de la escalera comencé a gritar y a tirar todo lo que encontraba frente a mí: espejos que se estrellaban en el suelo, portarretratos que se encontraban encima de las mesas, y vidrios que caían en la cabeza de las personas, lastimándolas. Todos gritaron sorprendidos y yo descendí apresuradamente las escaleras, lanzándome sobre ellos, arrancando las pelucas de las mujeres y arañando con mis uñas afiladas el rostro de los hombres. Muchos trataron de agredirme y decían que yo estaba loca, hasta que alguien consiguió sujetar mis brazos. Yo estaba transfigurada y le gritaba a Antonio Jorge que no tenía derecho a mantenerme prisionera sólo por vanidad, encarcelando a una gitana que satisfacía todos sus caprichos.

Las personas gritaban asustadas, mientras Dolores pedía desesperadamente que me soltasen. Frente a toda esa confusión, fui apresada y lanzada al interior de una cabaña próxima a la casa; me encerraron en el mismo lugar donde antes me había encontrado con Manolo. Sabía que sería juzgada y posiblemente condenada a muerte. Pregunté por Dolores y nadie me sabía decir qué había pasado con ella. Estaba desorientada por completo y me sentía profundamente sola. En esa soledad, sin tener con quién hablar, comencé a reflexionar acerca de todo lo que había vivido y sentí mucha culpa. Sabía que yo había sido responsable de todo, que había sembrado y ahora cosechaba; sentí pena de mí misma y pedí la ayuda de Dios para superar toda esa situación.

Un día, cuando ya no podía tener más esperanza, fui llamada a juicio y ahí, ante mí, estaba José, mi amigo el juez. Era él quien me juzgaría. Muchas personas estaban ahí y me acusaban, tachándome de loca y charlatana. José no me miraba a los ojos y sentí que no podría hacer nada por mí. Fui condenada a morir ahorcada de ahí a tres días; mi muerte sería en la plaza pública, delante de todos, para que aprendiesen a no rebelarse contra los poderosos. Las mujeres me miraban con desdén (en el fondo envidiaban mi fuerza y coraje para rebelarme contra todo y contra todos). Identifiqué entre ellas a las que yo había ayudado y sentí un gran odio en mi corazón. Continué altiva, no bajé la cabeza, pedí que se hiciera justicia y pregunté en voz alta:

—Si lo que están haciendo conmigo se llama justicia, ¿qué dicen de haberme mantenido prisionera para servir a las personas sin recibir nada a cambio?

Grité que había sido usada por todos, pero cuanto más gritaba, más sonreían ellos, principalmente Antonio Jorge, quien no aceptaba mi fuga. Para él yo comprobaba mi descontrol y mi locura. No estaba loca, sino sólo luchaba por mis derechos, pues quería mi libertad y no merecía esa humillación.

Enseguida fui arrastrada brutalmente a mi celda, donde aguardaría hasta el día en que sería ejecutada. Antes de morir, necesitaba redimir todos mis errores y, con fervor, pedí a Dios una nueva oportunidad e imploré a santa Sara, nuestra protectora, que me ayudase a salir de ahí. Juré que sería más humilde y menos rebelde y prometí que pasaría el resto de mis días ayudando a las personas con mi sabiduría. Me quedé completamente sola con mis pensamientos, me culpé por haber actuado de manera impulsiva, pues sabía que debería haberme controlado. Estuve tres días en la más completa desesperación y le recé mucho a santa Sara, repitiendo incontables veces su oración: «No permitas que mis enemigos me maltraten ni que se burlen de mí»; imploraba perdón y cuando ya había perdido las esperanzas, escuché una voz suave: era la voz de santa Sara, que me decía:

—Calma, Dorotea, todavía no ha llegado la hora de tu muerte. Serás liberada esta vez para que aprendas a valorar a tu pueblo, tu vida y tu amor.

En ese momento exacto percibí un leve ruido en la puerta y alguien la empujó; era José, quien traía la llave para que yo escapase con Manolo y pedía perdón por haberme condenado, diciendo que no había conseguido evitar aquella situación, pues yo había cometido una infracción grave: había atacado a los poderosos de aquel país, y ante la ley yo era una bruja loca que había amenazado la vida de las personas de la región. Me advirtió también que sería perseguida por Antonio Jorge y su familia y por otros que se sentían amenazados por mí. Me pidió que tuviese cuidado, que me mantuviese con mi gente, donde estaría segura. Si fuese capturada nuevamente, él no podría ayudarme y con certeza sería ahorcada en una plaza pública; él también pretendía huir y liberarse de toda injusticia. Asimismo, me dijo que Manolo me aguardaba. Agradecida, lo abracé con cariño y corrí a los brazos de mi gran amor, que estaba con Dolores esperando por mí. Gracias a Dios, ella estaba a salvo. Monté rápidamente en el caballo con Manolo y tomamos el camino hacia Sevilla.

La libertad y el retorno a las raíces

Seguimos los tres muy felices y, al mismo tiempo, temerosos de ser atrapados nuevamente. La sensación era de placer por estar libre, con los cabellos al viento. El aire helado que golpeaba mi rostro me daba la sensación de libertad con la que tanto había soñado mientras estuve prisionera en aquel cuarto; mi corazón saltaba en mi pecho y la alegría se apoderó de mí. Gracias a Dios estábamos libres. La Luna llena iluminaba nuestro camino y yo me acordaba de Alina; pensaba: qué nostalgia, qué ganas de contarle todo lo que había pasado. Extrañaba sus manos que acariciaban mis cabellos y me protegían.

Ella era mi madre, aquella que no tuve. Fui abandonada, todavía pequeña, en Sevilla por mi madre gitana, quien se fugó con un *gadjo*. Y yo, que había condenado tanto a mi progenitora, había hecho lo mismo que ella. ¿Por qué repetí los errores de mi madre? Y ella, ¿dónde estará? ¿Habría muerto o vivía en algún lado y se había olvidado de mí? Si hacía mucho tiempo que no me acordaba de mi madre, ¿por qué ahora echaba en falta su protección? Sólo me acuerdo de ella como una hermosa mujer de largos y rizados cabellos, que corría por el campo y se alejaba de mí. ¡Yo era tan pequeña, tan frágil e indefensa! En aquel momento sentí miedo y sólo recuerdo que después Alina me abrazó con cariño y que mi madre fue desapareciendo con los cabellos sueltos al viento. ¿Por qué esa imagen de mi progenitora volvía ahora con tanta claridad a mi mente? ¿Dónde estás, madre? ¿Por qué me abandonaste? ¡Me siento muy desprotegida! Si no fuese por Manolo y mi querida Alina, no hubiese soportado pasar por todo lo que pasé.

En ese momento me di cuenta de que no había perdonado a mi madre por haberme abandonado. Además, no conocí a mi padre, que no era gitano; ella había sido muy criticada por nuestro pueblo, que no aceptaba su fuga. Y ahora, ¿qué sucederá conmigo? ¿Seré aceptada por todos? Sabía que debía enfrentar otra situación humillante, por lo cual sentía miedo y vergüenza, pues fui orgullosa y tenía que aprender a ser más humilde. Pero ¿cuál no fue mi sorpresa cuando llegamos y me recibieron con una gran fiesta preparada para nuestro regreso? No podía creer que estaba de nuevo ahí. Llegué a besar el suelo cuando me bajé del caballo que me llevaba; pedí perdón por el error que había cometido al abandonar a la tribu, y fui recibida con cariño por casi todos.

Algunas mujeres me tenían envidia y me miraban con coraje. Traté de no permitir que eso me perturbase en aquel momento tan feliz, y me prometí que reconquistaría a esas personas para hacerlas entrar de nuevo a mi vida. Después de todas esas experiencias, aprendí que el pueblo gitano es el guardián de la libertad y que la vida es un gran camino…

Enseguida comenzó un periodo de adaptación. Habían pasado algunos años desde que me fugué con aquel rico señor, y en ese tiempo yo había sufrido mucho, pero también había madurado y crecido espiritualmente. El planeta Saturno me enseñaba por medio del sufrimiento y yo necesitaba evolucionar. Saturno enseña con el dolor, si no sabemos entender sus lecciones. Gracias a mis conocimientos de astrología sabía que Saturno era el gran maestro y que no debía resistirme a sus enseñanzas, pues de lo contrario tendría que sufrir; nunca pensé que tales enseñanzas pudieran ser tan dolorosas.

Comprendía que él se cobraba nuestro karma y si en alguna vida anterior habíamos hecho algún mal, lo recibiríamos de regreso. Asimismo, me preguntaba qué tanto mal podría haber hecho para tener que pasar por todo ese sufrimiento, y sentía que ahora todo sería diferente. Había sufrido, pero intentaba entender ese sufrimiento y ahora estaba nuevamente en casa, al lado de aquellos a quienes amaba.

Muchas veces me cuestionaba: ¿por qué podía ayudar a mucha gente y no lograba ayudarme a mí misma? Algunas situaciones permanecían sin respuesta para mí; sabía también que aprendería por la experiencia a vivenciar profundamente cada situación y que sentiría en mi ser ese aprendizaje. No bastaba sólo con hablar o comprender en mi mente; sin embargo, tenía la certeza de que algo había quedado inacabado en mi misión con el pueblo portugués. El odio que sentí por algunos de ellos (principalmente por Antonio Jorge) tendría que ser resuelto en otra vida, pues en ésta era casi imposible desechar esa situación. Mil veces me preguntaba: «¿Cuál es mi vinculación? ¿Qué debo aprender de todo esto?»

Traté de vivir normalmente mi vida, pero tenía miedo a ser perseguida y apresada de nuevo. Tenía muchos sueños, no conseguía dormir en paz y con eso fui debilitándome en lo espiritual.

Manolo y yo estábamos bien y tuvimos un hijo, Mikael, un ángel que bajó a la Tierra para protegerme. Sentía un vínculo profundo con el fruto de nuestro amor. Cuando abrió sus pequeños ojos, una luz iluminó todo su cuerpecito y ascendió hasta mi corazón.

Mikael fue creciendo y nosotros le fuimos enseñando nuestras costumbres: la familia, constituida por el marido, por la mujer y por los hijos, es la base de nuestra organización social, y no existe una jerarquía rígida en los grupos. El mando suele ser ejercido por el hombre más capaz, que es el Kaku, quien representa a la tribu, una especie de tribunal gitano formado por los miembros más respetados de cada comunidad, que tiene la función de castigar a quien transgreda la ética gitana. La figura femenina es muy importante y por lo común hay liderezas femeninas como «phury-day», que es una matriarca, y las «bibis», que son las tías consejeras. Ningún gitano deja de consultar a las abuelas, madres y tías para resolver problemas mediante la lectura de la suerte.

Siempre supimos que el dormir y los sueños son muy importantes, por lo cual preguntábamos constantemente a nuestro hijo Mikael lo que había soñado la noche anterior, y junto con él interpretábamos los mensajes contenidos en esas visiones nocturnas. Un día, él narró un sueño que me impresionó:

—Soñé que estaba en la tienda de mamá, donde había varios papeles en los que yo dibujaba. Mamá vino a jugar y dibujó una niña pequeña, parecida a mí; entonces la niña del papel se movió y jugamos juntos. Mamá se fue, nunca más volvió y papá lloró.

Sentí un escalofrío de presentimiento y Manolo me sonrió, pidiéndome que no me preocupase.

Sabíamos que el sueño es una fuente de donde sacamos nuestras fuerzas y que podíamos provocar nuestros sueños para recibir las respuestas que necesitábamos. Para facilitarlo, creábamos mentalmente un paisaje conocido, un campo florido, un riachuelo, y pensábamos que entrábamos en él y nos bañábamos, dejando a un lado los pensamientos y las preocupaciones. Enseñábamos a Mikael a meditar y él siempre soñaba que yo me iba. Quería creer que eso ya había sucedido, que no se repetiría y que Mikael quizá veía el pasado y no el futuro. Sé que los acontecimientos del pasado, del presente y posiblemente del futuro se encuentran registrados en el universo, y Mikael comenzó a descifrar esos mensajes. Sabíamos también leer el rostro de las personas; principalmente cuando están dormidas se vuelven un libro abierto para quien sabe descifrar esos misterios.

Después de algunos años tuvimos una hija, a la que llamamos Mariana, quien, dueña de un espíritu fuerte y combativo, traía mucha sabiduría de otras vidas. El día que nació, una tremenda tempestad anunció su fuerza espiritual. Llegó al mundo gritando mucho, como si dijera que nadie haría con ella lo que habían hecho conmigo.

Cuenta la leyenda que la criatura que nace en noche de tormenta tiene mucho poder espiritual y que su fuerza iluminará a la tribu para siempre. La luz de Mariana hizo a todos muy felices; ella era hermosa, parecía una diosa griega.

Yo era la encargada de enseñar nuestros hechizos a Mariana, quien pasó a ser la alegría de nuestra vida. Sensible y cariñosa, crecía dentro de nuestra tienda y muchas veces, cuando regresábamos de algún lugar, la encontrábamos con un pañuelo amarrado en la cabeza, leyendo las cartas a sus amiguitas. Tenía sólo seis años, pero ya era extremadamente sensitiva. Todos se divertían con su modo de leer las cartas y su querer saberlo todo acerca de los astros y las estrellas. Ella siempre participaba en nuestros rituales de Luna.

Aunque me sentía completa, el miedo se apoderaba de mí en ciertos momentos. ¿Y si me atraparan nuevamente? A fin de cuentas, era una fugitiva. Para alejar mis miedos, rezaba mucho, recordando que Sara había pasado por los mismos temores que yo sentía y que había conseguido superarlos por medio de su fe.

Creamos el hábito de rezar todos juntos pidiendo protección a santa Sara y a las tres Marías: María Magdalena, María Jacobina y María Salomé. Cuenta la leyenda que las tres Marías fueron lanzadas al mar por los judíos en una barca sin remos y sin comida, acompañadas de Sara, una esclava gitana que era muy religiosa y que rezaba pidiendo protección. En el colmo de la desesperación, Sara se quitó el diklo (pañuelo) de la cabeza, llamó a Kristesko (Jesucristo) y prometió que si todas se salvaban, ella sería la esclava de Jesús y jamás andaría con la cabeza descubierta, en señal de respeto.

Milagrosamente, la barca, sin rumbo, atravesó el océano y atracó en el puerto de Camargo, en las márgenes del Mediterráneo, que desde entonces fue conocido como Santas Marías de la Mar, convirtiéndose en un punto de encuentro de los gitanos. A partir de ese episodio, Sara ganó una estatua y sus milagros la hicieron la patrona universal del pueblo gitano; además, es festejada todos los años los días 24 y 25 de mayo, en noche de vigilia, con oraciones con velas azules, flores y vestidos coloridos, mucha música y bastante baile, que simboliza la purificación y renovación de la naturaleza como un retorno de los tiempos. Del gesto de Sara Kali debe haber nacido la tradición de que toda mujer casada ha de usar un pañuelo, que es la pieza más importante de su atuendo. Además de traer salud y prosperidad, Sara Kali es venerada también por las gitanas por ayudarlas durante las dificultades del embarazo. Quienes no lograban tener hijos hacían promesas a ella, pasando una noche en vigilia y depositando, a sus pies como ofrenda, el diklo más bonito que encontrasen. Para las mujeres gitanas, el más importante milagro de la vida es la fertilidad.

Oración para santa Sara Kali
Tú que eres la única santa gitana del mundo.
Tú que sufriste todas las formas de humillación y prejuicio.
Tú que fuiste amedrentada y lanzada al mar,
para morir de hambre y de sed.
Tú que sabes lo que es el miedo, el hambre, la amargura y el dolor
en el corazón.
No permitas que mis enemigos se burlen de mí ni me maltraten.
Que tú seas mi abogada delante de Dios.
Que tú me concedas suerte, salud y que bendigas mi vida.
¡Amén!

Sara Kali fue el miembro de nuestro pueblo que recibió la primera revelación. Además de ser conocedora de muchos secretos que los antiguos habían transmitido, un día tuvo una visión en la cual fue informada acerca de la llegada de las santas que presenciaron la muerte de Jesús, y que debería ayudarlas.

Aprendí que la oración debe surgir del fondo del alma y no sólo en la mente, y todos los días nos dirigimos a nuestro pequeño altar y rezamos a santa Sara, pidiendo protección, a la vez que encendemos velas y le hacemos ofrendas.

Algunas veces tengo nostalgia de mis amigos portugueses, de aquellos que fueron buenos conmigo. Siempre que puedo me proyecto hacia allá en cuanto me duermo y nos comunicamos a distancia.

Continúo con mi grupo de estudios; algunas mujeres entran y otras salen, pero Lara y Dolores están siempre conmigo. Luego comencé a transmitir todo lo que había vivido en mi largo viaje. Alina murió algún tiempo posterior a mi regreso y supe, después de su muerte, que ella siempre fue mi defensora y que participó del «kris», que es un tribunal gitano, constituido por los miembros más ancianos del grupo, y su intervención resultó muy importante para que yo no fuese castigada por haber abandonado la tribu.

Alina murió lúcida y dijo que continuaría enseñándome desde donde estuviese. Lloré mucho el día de su partida hacia el plano espiritual y entendí que ella estaría siempre conmigo, transmitiéndome amor y coraje. Comencé a sentir su presencia después de un tiempo. En nuestro grupo de estudio, los gitanos siempre creemos que los espíritus y entidades nos acompañan en el día a día. Un artista tiene que esperar que un ente se posesione de él y lo inspire para crear su arte —ese sentimiento muy profundo creó el «cante jondo» en Andalucía, un canto muy triste, diferente del flamenco, que es más alegre; la danza flamenca se asemeja a la persa.

Nosotros adoramos bailar alrededor del fuego; la danza nace en el momento en que abrimos los ojos y nos acompaña hasta la muerte. Cuando danzamos, lo hacemos con el alma, con el corazón y con los movimientos naturales de nuestro cuerpo. La palabra *flamenco* quiere decir «gitanos», personas que no poseen tierras, y se deriva de un término árabe que significa «campesino errante»; por lo tanto, cuando quería sentir la presencia de Alina, cantábamos el «cante jondo» e inmediatamente percibía un escalofrío que recorría mi cuerpo, mostrando que Alina y otros espíritus estaban ahí conmigo transmitiéndome sus enseñanzas. Muchas veces comenzaba a hablar y no sabía de dónde provenían mis palabras. Cuando queríamos traer alegría, bailábamos la danza flamenca y parecía que la vida se volvía cada vez más ligera.

Entre los gitanos existe mucha empatía, sólo una mujer molesta a la mayoría. Percibo cierta frialdad en su mirada y un sentimiento de envidia en relación conmigo. Bernadete había sido expulsada de otra tribu gitana y fue aceptada con amor por todos nosotros. Cuando llegó en una noche fría, con mucha hambre y sin abrigo, no sabíamos muy bien lo que había pasado con ella anteriormente, mas los gitanos tenemos el hábito de aceptar a las personas como son. Aprendemos a no juzgar: ¿cómo podemos juzgar a otro si también somos pecadores? A partir del momento en que permitimos su ingreso en nuestra comunidad, no tenemos derecho a hacer preguntas, sino simplemente procuramos incorporarla a nuestras actividades diarias.

Dolores y Lara tampoco confían en Bernadete, quien procura ser agradable, pero cuestiona mis enseñanzas. Algunas personas dicen que ella siempre me calumnia, que dice muchas cosas negativas sobre mí, incluso que estoy loca y que traiciono a Manolo. Corrió el rumor en la tribu de que yo había sido apresada en Portugal por haber cometido un acto de locura, y tengo la certeza de que ella esparció todos esos comentarios. Lara dice que yo no debo confiar en ella, de manera que trato de no pensar mucho en ese asunto y continúo con mi vida. Soy muy feliz con Manolo y con mis dos hijos, aunque siempre siento angustia cuando me acuerdo de lo que ocurrió en el pasado. Estoy segura de que soy perseguida por Antonio Jorge y otros que hasta hoy no aceptan mi fuga. No logro dormir pensando en todo esto y me siento culpable de no haber contado a mis compañeros acerca del tiempo que estuve en prisión. Ellos no saben que yo había sido condenada a la horca; cuando pienso en eso, siento que un escalofrío de muerte recorre todo mi cuerpo.

Mi devoción y mi fe crecieron dentro de mí después de todo lo que sucedió en mi vida. Continuamos rezando todos los días, Manolo, mis hijos, Dolores, Lara y yo y oramos mucho pidiendo protección para nuestra familia y nuestra tribu. Soy muy feliz en el amor, me siento realizada, pero el pasado me atormenta, quiero apagarlo y comenzar todo de nuevo si Dios lo permite. Si yo hubiese sabido las consecuencias de mis actos y de mi impulsividad, jamás habría dejado todo para irme con aquel señor rico. No puedo pensar más en eso y necesito perdonarme, ¡pero es muy difícil!

Mis amigas solicitan mis enseñanzas sobre el ritual de la Luna llena y yo siempre les digo:

—Mis queridas, el gran lema de nuestro pueblo dice: El cielo es mi techo, la Tierra mi patria, y la Libertad mi religión.

La Luna llena es el mayor vínculo con lo sagrado y mensualmente realizamos rituales en su honor, en torno a la fogata encendida, con vino, mucha comida, danzas y oraciones. Para nosotros, todo está escrito en las estrellas, por eso somos atentos observadores del cielo y de los astros, practicamos la astrología de la Madre Tierra, respetamos y festejamos a la Luna llena y desarrollamos nuestros poderes.

Escogemos el día ideal para reunirnos al margen del río. Será mañana, tarde en la noche. Esa reunión tiene como objetivo estudiar la Luna y las estrellas. Saldremos una vez que todos estén dormidos; pero sé que no puedo alejarme mucho de nuestra tribu, para no ser capturada. Nuestro grupo aprenderá la lectura del futuro por medio del agua, y todas deberemos estar vestidas de blanco, con flores en los cabellos para saludar a la Luna. Ese ritual consiste en sentarnos en la ribera del río, colocar agua limpia en un cuenco blanco y dejar que el reflejo de la Luna ilumine el agua para recibir los mensajes. El lugar es solitario, lo cual me asusta. Ya habíamos planeado hace algún tiempo reunirnos el primer día de Luna llena, y así lo hacemos. Vamos alegres y cantando por el camino hasta que llegamos al sitio elegido.

Unidas comenzamos nuestro ritual: nos sentamos en círculo en la ribera del río, nos concentramos, iniciamos nuestras plegarias pidiendo a la madre Luna que ilumine nuestra mente para que recibamos las informaciones que necesitamos y cerramos los ojos Lara, Dolores, Joana, María, Bernadete, Carmen y yo —somos siete mujeres, cada una de las cuales representa una fuerza espiritual. Pedimos ayuda a la energía de la Luna, del Sol, de la Tierra, del fuego, del agua, del aire y del éter, así como a nuestros protectores espirituales. Sentimos la presencia de santa Sara y, emocionadas, relajamos tanto nuestro cuerpo como nuestra mente y comenzamos el ritual. Permanecemos algún tiempo en estado de meditación y no percibimos a las personas que se aproximan silenciosamente.

La sensación de tranquilidad se transforma en angustia cuando nos sentimos sujetadas por la espalda. Gritamos empavorecidas y, cuando nos damos cuenta, hombres fuertes cierran nuestra boca con sus manos para hacernos callar. Yo fui la única amarrada: me llevaron

arrastrada por el suelo mientras mis compañeras lloraban desesperadas, sin entender lo que ocurría. Un frío recorrió mi espina dorsal, y
cuando levanté los ojos hacia Bernadete vi que ella sonreía malicio-
samente. En ese momento entendí que había sido traicionada, que ella
había avisado a mis perseguidores acerca del sitio donde realizaríamos
el ritual. Sentí que todo estaba perdido y que no podía hacer nada.
Esta vez tenía que aceptar mi destino: nadie podría ayudarme.

TRAICIÓN Y MUERTE

Me llevaron amarrada y gritando: ¡«Ustedes pueden apresar mi cuerpo, mas nunca conseguirán apresar mi espíritu»!

Aquellos hombres sonreían con maldad, mientras que mis compañeras gritaban que me dejasen en paz. Sin embargo, sus gritos no
sirvieron de nada; al ser llevada, gruesas lágrimas rodaban por mi rostro y yo sabía que no habría retorno, que nunca más volvería a ver a
Manolo ni a mis hijos, por lo menos no en esta vida. Me colocaron
amarrada en un caballo y, llorando desesperadamente, el odio crecía
dentro de mí. Ellos no tenían derecho a apresarme y a destrozar mi
vida, a dejar a mis hijos sin madre, sólo por orgullo y vanidad. Mi tristeza se mezcló con la rebeldía que sentía, y esa rebeldía se transformó
en mucho odio por toda esa gente.

Fui encerrada de nuevo, esta vez en un lugar más seguro, donde
posiblemente nadie me encontraría. Pasé algunos días reflexionando
acerca de mi vida a la espera de lo que el destino me tenía reservado.
Ésas fueron las peores noches de mi vida: no lograba cerrar los ojos,
sino sólo pensaba en Manolo y lloraba, hasta que fui llevada por la
fuerza, amarrada; además, mis pies no se podían mover, mis manos estaban atadas a la espalda y mi boca amordazada para que no pudiese
gritar. La sensación era de total impotencia; quería gritar, necesitaba
hacerlo y decir todo lo que estaba sintiendo.

Mi cuerpo se retorcía y mis manos no se movían; aun así, intentaba reaccionar, mas era imposible, no podía hacer nada y me pregun-

taba silenciosamente: «¿Por qué, mi Dios? ¿Por qué no puedo gritar mi rebeldía, ni expresar el dolor que llevo en el alma por no poder ver a mis hijos, a Manolo, a mi pueblo? No hice nada grave, no maté, ni robé, ¿por qué tengo que pasar por esto?» Pedía una única oportunidad, pedir perdón a Mikael y a Mariana, la oportunidad de expresarle a Manolo el amor que siempre había sentido por él, e imploraba: «Que santa Sara me ayude, pues necesito decir lo que siento, ¿por qué hasta mi voz fue bloqueada?» Mis preguntas no tenían respuesta, mis súplicas no podrían ser escuchadas y fui llevada a una plaza pública, donde todos gritaban: «¡Muere, gitana maldita!» Cuanto más gritaban, más injuriada me sentía. En ese momento entendí que Antonio Jorge no se conformaba con mi fuga; por ser poderoso, pensaba que era mi dueño. Mi última mirada de odio fue para él y en ese momento prometí vengarme, juré que un día él sufriría en mis manos. Me llevaría conmigo todo ese odio.

Fui ahorcada delante de todos. Sentí a santa Sara a mi lado, quien me decía que yo debía pasar por esa muerte trágica y que tal acontecimiento sería muy importante para nuestra tribu. Después de mi muerte, cambiarían muchos conceptos. Yo había sido elegida por el plano espiritual no sólo para aprender, sino también para ayudar a la evolución de nuestro pueblo. Mi muerte era necesaria. Sentí que mi espíritu salía de mi cuerpo lentamente, y comencé a verlo todo por encima. No experimenté dolor físico, sino sólo una sensación de presión en mi cuello. Mi dolor no era físico sino moral; me sentía humillada y vejada, me preguntaba mil veces por qué había tenido que pasar por eso, por qué Dios me había hecho conocer el amor y no permitió que me quedase junto a Manolo y a mis hijos durante más tiempo. Asimismo logré visualizar a Vivi y a Fátima, quienes lloraban quedo y disimuladamente. Dolores, Lara y Joana sollozaban desesperadas. No vi a Manolo ni a mis hijos, pero tenía la certeza de que sufrían por mí. Me acordé del sueño de Mikael, que había profetizado nuestra separación.

En el momento de mi muerte, el odio se apoderó de mí: por Antonio Jorge, quien me persiguió por venganza, y por Bernadete, quien conspiró contra mí. Indignada, pensaba que ellos no tenían el derecho a apartarme definitivamente de mi gran amor, ni de mis hijos, mis amigos y mi tribu. El deseo de venganza creció en mi espíritu. Me prometí que en las próximas vidas me vengaría de ellos y de todos los que habían conspirado en mi contra. Mis amigos sufrían, pero no podían hacer nada, sino que me pedían perdón con la mirada.

Me sentí profundamente frustrada, porque mi misión no había sido cumplida. En ese momento asistí a una película rápida de mi vida. Tuve grandes deseos de regresar para resolver todo lo que quedaba pendiente y me sentí culpable en relación con mis hijos, por haber partido sin que ellos supiesen el motivo. Fui arrancada de mi tribu y de mi familia y la razón de esos acontecimientos provenía de situaciones anteriores. La culpa me acompañaba desde el día en que me fui con aquel señor rico; pero no había nada que hacer y había llegado el momento de mi muerte física. Mi espíritu se desprendió y rápidamente me proyecté hasta Manolo y mis hijos, quienes estaban frente a nuestro santuario, rezando por mí. De los ojos de Manolo rodaban gruesas lágrimas, Mikael miraba al vacío como si me estuviese viendo, y Mariana no entendía lo que ocurría. Intenté tocarlos suavemente, pero mis manos atravesaban sus cuerpos y yo sólo pedí mucha paz para mí y para ellos.

Rayos de luz se fueron aproximando y fui llevada a un túnel largo e iluminado. Al final de él, los rayos se transformaron en muchos espíritus y enseguida fui encaminada por ellos con mucho amor hasta Alina, quien estaba esperándome. Mi madre, que me había abandonado, se me acercó implorando mi perdón y sentí mucha paz junto a ella; además, reencontré a todos los que había amado en vida. Sé que ella y Alina me ayudaron a entender mi encarnación como gitana.

VIDA INTERMEDIA: DOROTEA

Me llevaron a un lugar muy especial, que era una réplica de donde vivía en la tierra: muchos pañuelos y bastante luz, pero el brillo era diferente, todo era más puro y me sentí nuevamente en casa. Pasé algún tiempo descansando, pues necesitaba recuperarme espiritualmente. Cada vez que me venía algún recuerdo de mi muerte, el sentimiento del deber no cumplido crecía dentro de mí, pensaba en mis hijos, recordaba el amor de Manolo y sufría.

Me fui conformando con mi brusca salida del plano terrestre y, después de un tiempo que no sé determinar, pedí que me fuese permitido saber cómo estaban mis hijos y Manolo. Alina fue la encargada de mostrarme lo que ocurría en Sevilla, la tierra de donde vine. Apareció una tela blanca frente a nosotros y algunas imágenes se formaron lentamente. Cuál no sería mi sorpresa cuando en la tela apareció Bernadete y enseguida mis hijos y Manolo, todos juntos en la tienda donde vivíamos los cuatro y donde fuimos muy felices. Mi indignación aumentaba y Alina me pedía que procurase no juzgar y que sólo mirase todo sin involucrarme. Sentí ira contra Manolo. ¿Cómo tenía el coraje de estar junto a mi enemiga, que me había traicionado y llevado a la muerte?

Después de saber lo que sucedía en la Tierra, mis sentimientos se hicieron más fuertes y más difíciles de resolver. Necesitaba ayuda, por lo cual recurrí a Alina, quien me explicó que Manolo no tenía conciencia de la traición de Bernadete, quien, a su vez, fingía estar sufriendo por mi muerte y decía que me apreciaba mucho, que era mi amiga, y poco a poco se fue acercando a él con la intención de ayudarlo a superar el sufrimiento y, de esa manera, consiguió envolverlo y manipularlo. Inocentemente, Manolo se dejó engañar, pero a Mikael no le gustaba ella y me echaba mucho de menos; su hermana Mariana no percibía lo que ocurría a su alrededor.

Alina me dijo calmadamente que yo debía tener compasión de las personas, lo cual no significa tener lástima, sino entender que las personas están en diferentes grados de evolución y que necesitamos ayudarlas. Yo no sentía compasión por Bernadete, sino sólo odio por ella, quien siempre quiso ocupar mi lugar y que al final lo había conseguido. Asimismo, pregunté sobre la maldad: ¿cómo una persona que ha hecho tanto mal puede vencer? Alina me contó que en otras vidas mi rival había sido madre de Manolo y yo lo había matado por celos; por eso ella juró que haría lo mismo conmigo y que se vengaría de mí. Eso fue lo que realmente sucedió: el espíritu de Bernadete era manipulador y falso y logró engañar a todos, pero nadie percibió su traición.

En ese momento apareció un ser lleno de luz, un maestro que se dirigió a mí con amor:

—Entiendo que te sientas víctima de la injusticia, querida Dorotea. Sin embargo, debes saber que en los periodos en que el alma se encuentra en un cuerpo físico, pasa por una encarnación o una vida. El espíritu es una centella divina que habita un cuerpo físico por determinado tiempo. Ese cuerpo es un vehículo que permite al alma moverse en la Tierra, y cuando nuestro espíritu ha vivido en miles de cuerpos y recorrido muchos siglos, nuestra centella divina atraviesa el tiempo y el espacio. ¿Me puedes explicar por qué algunos nacen perfectos y saludables y otros con un defecto físico? ¿Por qué algunos tienen talento físico y otros no? Si no entendiésemos la reencarnación, creeríamos que el universo está gobernado por una ley injusta. ¿No es eso lo que sientes ahora? ¿Eres víctima de la injusticia? La persona que más mal te hizo ahora ocupa tu lugar junto a tu marido y tus hijos.

«Debes entender, por lo tanto, que cada vez que tu espíritu encarna en la Tierra, trae consigo el karma de tus vidas pasadas, como los dones que desarrollaste. ¿Te acuerdas de tus dones? ¿Recuerdas la facilidad que tenías para entender los astros y las estrellas? ¿Te acuerdas cómo ayudabas a las personas con sólo tocar sus manos? Ésos fueron los dones que habías aprendido en tus encarnaciones pasadas y que se reforzaron en tu última vida, porque nada se pierde en el universo. Tú traes, de otras vidas, un bagaje de karma positivo y negativo. La mente consciente no logra ver las cosas, a no ser de una manera limitada, mas el alma tiene acceso al subconsciente, donde están registradas todas las experiencias de otras vidas.

«La muerte física es una transición de un plano a otro. ¿Te das cuenta de que aquí donde estás, a pesar de que tu cuerpo ha muerto, continúas con los mismos recuerdos de cuando estabas viva? Ese sentimiento por Bernadete te acompañará durante muchas existencias si no logras liberarlo, y sólo sabrás si conseguiste superar todo eso cuando vivas nuevamente en otro cuerpo y la reencuentres en otra encarnación. Entonces sentirás por ella un rechazo, aunque Bernadete sea una criatura en otra vida o un hombre. Sentirás eso como una señal e intuitivamente sabrás que no debes confiar en la persona que está frente a ti. Tu instinto te dirá que necesitas alejarte de ella, pero el universo hará que ustedes se aproximen para resolver ese karma. Muchas veces tendrás que reencontrarla para aprender a amarla. Recuerda las palabras de Jesús: Amaos los unos a los otros, perdonad a vuestros enemigos… Mi querida, la muerte es una transición, de modo que debes aprovechar este tiempo para reposar y recibir instrucciones de los maestros en los templos de luz que están en el plano etéreo.

«Los dos periodos son importantes: el que pasaste encarnada en la Tierra, pues es en ese planeta que tendrás que evolucionar y elevarte a las alturas. Al mismo tiempo, sólo puedes llegar a la Luz si mueres en el cuerpo físico. Ese periodo intermedio entre una encarnación y otra es el que hace posible la comprensión que tienes ahora. No te acordarás de todo, pero debes comprender que todos tuvimos encarnaciones buenas y malas. El sufrimiento nos enseña a tener compasión, y eso es lo que necesitas: tener compasión en relación con todos los que te hicieron daño, pero no te preocupes, pues lo conseguirás con el tiempo. No basta con hablar, sino que es preciso sentir, y llegará el momento en que la compasión se apoderará de tu ser. Ahora aprovecha lo que te es transmitido y ten paciencia.»

Él se apartó en la luz y me sentí completamente perdida. Quería saber más, quería saber lo que Manolo sentía por Bernadete, pues creía imposible que él me hubiese olvidado tan rápidamente. Le dije a Alina que si me dejaba saber un poco más, trataría de no juzgar. Apareció nuevamente la tela blanca donde Manolo estaba acostado, pensando en mí. Bernadete llegaba y él la despreciaba, ni siquiera la miraba. Entonces sentí alegría: ¡él todavía no me había olvidado!

Al mismo tiempo, se sentía solo y necesitaba compañía. Vivía en un conflicto, pues ¡ella parecía muy buena! Un sentimiento de culpa fue brotando en él: se sentía culpable por despreciarla; sin embargo, a ella le gustaba mucho Manolo y trataba a nuestros hijos con cariño, pero él no percibía que en su interior ella sólo quería vengarse de mí. Bernadete no lo amaba, sino sólo quería protegerlo como madre, e inconscientemente tenía miedo a perderlo, como había ocurrido en otra vida. Todo eso se fue haciendo muy confuso y percibí que ella no era tan mala. Aunque yo aún no conocía los motivos que la llevaron a traicionarme, sabía lo que me habían dicho: que había matado a Manolo en otra vida y que ella era su madre. Decidí dejar que las cosas sucedieran; con certeza, cuando lo mereciese sabría mucho más.

Yo me preguntaba: «¿Será que cuando nacemos nuestro destino ya está trazado?» Al leer las líneas de las manos había aprendido que sí. Muchas veces Alina decía que para entregarme al destino debía obtener más conocimiento para mejorarlo.

Al pensar en eso, el Maestro de Luz se aproximó nuevamente y me dijo con cariño:

—Mi querida, el destino no está trazado totalmente; antes de encarnar hacemos nuestra elección en función de nuestros karmas negativos, y cuando estamos en la Tierra podemos alterar, en parte, nuestras decisiones, de lo contrario estaríamos eternamente presos en la tela del karma. Podemos alterar nuestro karma hasta cierto punto, y la mejor manera de hacerlo es alimentarnos de nuestro dharma, que es el desarrollo de nuestros dones, y día tras día la mente de Dios ajustará nuestro karma por medio de nuestras acciones. Eso quiere decir que podemos mejorar gradualmente y transformar lo negativo en positivo.

«Todavía no ha llegado el momento en que la Humanidad se libere del karma sin sufrimiento, lo cual sucederá en el siglo XXI, cuando el conocimiento espiritual se abrirá para todos, como decía Jesús: "Quien tenga ojos que vea, quien tenga oídos que oiga". En tu última vida terrenal, deberías haber aprendido la compasión, y mientras no puedas sacar ese odio de tu espíritu y lo sustituyas por la compasión, no lograrás liberarte de ese karma.»

Su voz transmitía bondad y amor, y yo sentía profundamente que él tenía razón; necesitaba aprender la compasión, pero ¿cómo?

Muchas preguntas seguían sin respuesta y traté de descansar; no sabía desde hacía cuánto tiempo estaba ahí. En ese momento entendí que el tiempo en la Tierra es distinto del tiempo espiritual, debido a la visión que tuve de mis hijos. Concluí que no había pasado mucho tiempo, pero ellos parecían un poco más crecidos y entonces pensé: «¿Podré acercarme a ellos, tocarlos, sentirlos? Y Manolo, ¿podré darle un beso y decirle cuánto lo amo?»

De regreso en el planeta Tierra

Sentí tantos deseos de reencontrarme con mis hijos y entender lo que ocurría con todos los que había dejado, que no percibí que ya había pasado mucho tiempo desde mi vida como Dorotea. Pedí una oportunidad de volver a la Tierra en espíritu. No reencarnaría todavía en un cuerpo físico, pero mi espíritu estaría en una cuarta dimensión del tiempo junto a Manolo, mis hijos y toda la tribu. Ya estaba preparada para ese retorno y no sentía ninguna irritación por todo lo que había pasado. Alina se me acercó y me dijo que mi hijo Mikael se iba a casar y que me había sido concedido realizar un viaje a la Tierra para asistir a su boda. Fui muy feliz al saber que podría estar nuevamente cerca de él en ese momento tan importante de su vida; aunque él no me viese, sentiría mi presencia a su lado.

Fui acompañada de Alina y dos protectores. Ese descenso es un viaje largo y tenemos que prepararnos para entrar en la vibración de la Tierra sin ser influidos por ella.

Iniciamos nuestra jornada y, después de un tiempo, comenzamos a ver nuestra comunidad desde lo alto. Aparentemente todo estaba igual, con algunas pequeñas diferencias: las personas habían envejecido (vi mi tienda, todo estaba muy parecido a cuando me fui…); además se percibían las manifestaciones de la fiesta que estaba por realizarse. Nos fuimos aproximando a Mikael, quien ya era un hombre y estaba muy guapo, vestido de rojo y negro, con un pañuelo amarrado al cuello. «Mikael, qué nostalgia —suspiré quedo, con ganas de abrazarlo—, estás hermoso, hijo mío; siempre estuviste conmigo en mis vidas pasadas; jamás nos separaremos, pues tú eres y siempre serás mi protector.»

Tuve curiosidad de saber quién era la novia, que después apareció: una linda joven, delgada, alta, de cabellos largos y lacios, la cual me gustó en cuanto la vi. Parecía sensible y frágil a un tiempo. Toqué sus cabellos y ella se estremeció; también se estaba preparando y, muy feliz, cantaba quedamente.

Volteé hacia donde estaba Mikael e hice lo mismo: pasé la mano por sus hombros, y él se volvió y preguntó: «Mamá, ¿estás aquí?» Me asusté con esa observación e intenté controlarme para no besarlo y abrazarlo, pero él siguió diciendo: «Mamá, yo sabía que vendrías a mi casamiento y sé que si estuvieses viva, aprobarías a mi novia Camille. Mamá, acércate, quiero sentir tu presencia».

Sentí una fuerte emoción y pedí ayuda a Alina, quien asintió con la cabeza para que yo continuase… Mikael sonrió y logré abrazarlo con todo mi amor. Comenzamos a comunicarnos telepáticamente: él me hacía preguntas en voz alta y yo respondía por medio de vibraciones que él captaba. Conversamos mucho y él me dijo que no me preocupase; por su parte, Mariana también estaba bien, era muy responsable y siempre se acordaba de mí con cariño. En cuanto a Bernadete y Manolo, no eran felices, pues ella no conseguía embarazarse y era llamada «vientre seco» por todos en la tribu, por lo cual Manolo la despreciaba. Me dio tristeza saber todo eso y me hubiese gustado que Manolo también hubiese sido feliz.

Le dije a Mikael que asistiría a su casamiento y que estaría bendiciendo su unión. Sentí lágrimas que caían de sus ojos, pero después se puso feliz y continuó con los preparativos. Decidí dar una vuelta por los alrededores, vi de lejos a Manolo que cuidaba un caballo y me dieron ganas de abrazarlo también. «Qué nostalgia, Manolo, tú no puedes verme, pero sí puedes sentirme.» Me acerqué suavemente y pasé mis dedos por sus labios como lo hacía siempre cuando estábamos juntos. Él estaba tan absorto en sus pensamientos que no me percibió. Continué acariciándolo y de repente dio un suspiro profundo y dijo en voz alta:

—Doro, Doro, mi querida, ¿dónde estás? Hoy es el matrimonio de nuestro hijo y desearía mucho que estuvieses aquí. Estoy feliz, pero siento tanto tu ausencia; sé que desde donde estás, podrás verme y que jamás nos apartaremos. Somos almas gemelas, Doro, y la vida puede habernos separado físicamente, pero nuestros espíritus estarán siempre unidos por toda la eternidad. Perdóname si me casé de nuevo, pero necesitaba una compañera y nuestros hijos necesitaban una madre. Para nosotros, tú eres insustituible, jamás habrá nadie igual a ti.

Lo abracé con cariño, lo besé en los labios y él se estremeció, parecía que me veía, porque miraba directamente en la dirección en la que yo estaba en espíritu.

Miré hacia atrás y vi a Bernadete que se acercaba a Manolo. Estaba envejecida, delgada y muy fea; ante esto, sentí pena, pues seguramente ella era infeliz también. Manolo tenía mi recuerdo vivo dentro de sí y ella lo percibía. Intenté enviar luz con mis manos a Bernadete y me sentí en paz.

Ahora era el turno de Mariana, a quien necesitaba ver, tocar, sentir, y cuando pensé en eso vi a una linda joven con una enorme trenza dirigiéndose al río. Fui hasta ella y sentí su aroma: perfume de rosas. «Mariana debe estar enamorada», pensé, y realmente después apareció un joven rubio, muy apuesto, que la abrazó con cariño. Los dos caminaron juntos por el campo. Sentí que debía alejarme y dejarla vivir ese momento de amor.

Volví a nuestra tienda y me tiré en los almohadones coloridos, sintiendo nostalgia de todo. Me acordé de lo que había ocurrido en ese lugar. Era una sensación de bienestar, podía sentir la energía del ambiente y vibraba positivamente para todos ellos. Ahora era más fácil comprender todo lo que había sucedido en mi vida como Dorotea: yo era muy rebelde e independiente y actuaba por impulso, por lo cual debía aprender a ser más calmada, pero no lo lograba, pues mi espíritu era demasiado libre. Visualicé algunas ropas que habían sido mías y percibí que Mariana y Manolo guardaban esas prendas como recuerdo para los momentos en que sentían nostalgia de mí. Después de tanto tiempo, fue muy bonito estar nuevamente junto a ellos. Sentí nostalgia de mi vida en la Tierra, donde viví momentos mágicos en esa tienda tan bella, aunque ahora estaba muy bien en el plano espiritual.

Poco a poco conseguí salir y avisté a Lara, Joana y Dolores, quienes parece que continuaban siendo amigas. Lara leía las cartas del tarot y las otras dos la acompañaban —se reunirían con un grupo de jóvenes. Fui muy feliz, porque Lara enseñaba todo lo que yo le había transmitido y lo que ella había aprendido por sí sola. Parecía muy compenetrada hablando acerca de las almas gemelas y la astrología, mientras su hija Susana la escuchaba y Mariana llegó con flores en los cabellos. Todas se sentaron en círculo y de repente cerraron los ojos y pidieron mi presencia en el grupo para ayudarlas. Mariana dejó caer dos gruesas lágrimas de sus ojos cuando Lara pronunció mi nombre. Entonces, me acerqué a ella y limpié sus lágrimas con mis manos; ella sonrió, al sentir mi presencia. Miraba hacia mí como si me estuviese viendo; lloré de emoción y agradecí poder estar ahí, cerca de todos ellos.

Mariana comenzó a hablar acerca de mí: decía que yo había sido determinante en su vida y que, a pesar del poco tiempo que estuvo a mi lado, había aprendido mucho conmigo. Fui para ella un ejemplo de fuerza y de fe. Todas callaron para escucharla, pero sentí cuánto me admiraba y que, a pesar de nuestro poco contacto, ella había asimilado todas mis enseñanzas. Lara tomó la palabra y continuó su explicación sobre astrología. Fui muy feliz en ese momento. ¡Qué bueno que todo se había resuelto sin mi presencia! Cada una encontró su camino. Sé que fui importante en la vida de ellas y me siento realizada, no por vanidad, sino por comprobar que mis palabras se perpetuarán en el tiempo y en el espacio, no obstante que mi misión había sido interrumpida prematuramente.

La noche fue llegando y Camille apareció con su vestido largo y blanco. Mikael estaba hermoso y los dos se juraron amor eterno alrededor de la hoguera e hicieron un pacto de sangre; la muñeca de cada uno de ellos fue cortada levemente y las sangres se mezclaron, simbolizando la unión. Todos estaban muy felices y los dos comenzaron a danzar en torno a la fogata. Ese momento me hizo recordar el día de mi casamiento, uno de los días más felices de mi vida en la Tierra. ¡Sí, yo había sido muy feliz!

Participé en la fiesta y bailé alrededor de la hoguera con Manolo, quien no podía verme, pero sentía mi presencia. Todos danzaban felices, Lara estaba bien y ya tenía otro hijo, y todos vivían tranquilos. Alina y yo nos emocionamos al volver a ver a nuestros amigos. Entendí que cuando estamos en otro plano espiritual, visualizamos todo de una manera más amplia y podemos comprender los lazos de cada uno. Sé que un día nos reencontraremos, ya sea en nuestras vidas intermedias o en las próximas encarnaciones; los espíritus reencarnan en grupo, crean vínculos tanto positivos como negativos y son atraídos energéticamente para saldar lo que quedó pendiente y dar continuidad a los lazos positivos del pasado. Es bueno que nuestra tribu siempre haya creído en la reencarnación; de lo contrario, sería mucho más difícil comprender todos esos encuentros y desencuentros.

Llegó el momento de regresar a nuestro hogar espiritual; ahora es más fácil volver porque ya superé la etapa más difícil y puedo ver todo de una manera serena. El tiempo que estuve lejos fue muy importante; si estuviese viva, tal vez cometería los mismos errores, pero mi vida intermedia entre el cielo y la Tierra me enseñó mucho.

Fue muy gratificante poder ver todo eso de una forma completamente distinta, aunque mis emociones y sentimientos en aquella época hubieran podido ser destructivos para todos. Mi muerte física había sido necesaria para nuestro crecimiento. Dorotea fue y continúa siendo una presencia muy importante y si todavía estuviese encarnada en la Tierra, podría dificultar la evolución de cada uno.

Viajamos de regreso a nuestro lugar espiritual, y estoy muy feliz; ellos no necesitan de mí, al menos en este momento, y tengo que seguir evolucionando para poder volver a la Tierra en mi próxima encarnación con una energía más sutil. Sé que será un desafío y todavía tengo mucho por aprender hasta que eso suceda.

El tiempo fue pasando y yo me sentí tranquila y feliz, porque cada vez más lograba comprender las relaciones entre los espíritus. Tengo la certeza de que cuando Manolo desencarne, nos encontraremos nuevamente y, a pesar de que nos hallamos en distintos grados de evolución, estaremos unidos por toda la eternidad.

ENCUENTRO DE ALMAS QUE SE AMAN

Llegó el momento para Manolo de salir del plano terrenal. Fui preparada para recibirlo: comencé a escuchar el sonido de la música que él tocaba para mí y el timbre de su voz llegaba a mis oídos. Conversamos telepáticamente conforme él se acercaba cada vez más; recordé sus juramentos de amor, cuánto me amaba y las muchas veces que había enjugado mi llanto; me acordé también de la época en que había estado presa y cómo había llorado sola sin tenerlo cerca de mí.

Nuestro reencuentro fue muy bello: yo estaba vestida de blanco y él llegó acompañado de mucha luz. A medida que se aproximaba, mis ojos se llenaban de esperanza. Nos abrazamos emocionados y esta vez él lloraba y yo enjugaba su llanto. Qué nostalgia, decía él mil veces, mientras yo no conseguía pronunciar ni una palabra, sino sólo suspiraba de amor.

—Manolo, yo quiero ser tu mujer para siempre. Estuvimos juntos en la Tierra y yo te abandoné, perdóname. Te juro, mi amor, que ahora es para siempre, ven conmigo a vivir el amor que no pudimos vivir en la Tierra. Sé que fui muy inconstante y que por poco te pierdo. Ven, Manolo, sigue conmigo y vamos a vivir ese amor…

Juntos fuimos a mis aposentos del plano astral. La muerte de Manolo fue brusca —se fracturó el cráneo en una caída de caballo y estaba preparado para el pasaje. Manolo aparentaba tranquilidad. Entonces sentí mucho cariño por él y lo llevé a descansar; estaba confuso, al igual que yo cuando desencarné. Fui su instructora espiritual y lo ayudé a comprender los acontecimientos de su vida terrenal. Él necesitaba entender lo que había ocurrido. ¿Qué sentirá Manolo cuando sepa que Bernadete fue la responsable de mi muerte y de nuestra separación? Tenía que ayudarlo a perdonarla, así como yo fui ayudada.

Conversamos mucho y se desahogó conmigo al decirme:

71

—¿Sabes, Doro? Yo lastimé mucho a Bernadete, fui indiferente y frío con ella. Siempre le decía que tú eras la mujer de mi vida y que nunca te olvidaría. Ella sufría y te envidiaba, porque nunca fue amada en su vida, era una mujer débil y no poseía tus dones; yo nunca logré sentir amor por ella, sino sólo gratitud.

Le dije que no se culpase por eso, que después él entendería todo. Estuvimos juntos durante algún tiempo. Manolo necesitaba pasar por varios aprendizajes y yo lo ayudé a perdonar. Esto era más fácil para él, pues no sentía por Bernadete el mismo odio que yo, sus conflictos eran otros y su espíritu había vivido pocas encarnaciones en la Tierra; a su vez, el mío era un espíritu viejo y mi misión en la próxima encarnación sería distinta de la de él.

Fui informada por mis instructores espirituales de que debía prepararme para volver a la Tierra cuando fuese necesario; sé que el tiempo terreno es muy diferente del tiempo en el plano astral. Ellos me dijeron que debía equilibrar mis energías y reencarnar en un cuerpo masculino en mi próxima vida.

Nacería en una familia muy rica de la Francia del siglo XVIII, para aprender a convivir con la abundancia y las riquezas terrenales, así como para ser reconocida. Sería un noble de la época, ya que en mi vida como Dorotea fui humillada por la gente que encarnaría en Francia en el mismo periodo. Esos espíritus que provocaron mi muerte y que no me respetaron por ser gitana, sin tierra y sin patria tendrían que arrodillarse y hacer reverencias cuando yo pasara para que aprendieran a respetarme. Serían mis súbditos y me admirarían por mi poder, pues el lujo y la riqueza prevalecían en la tierra, y las personas eran valoradas por sus posesiones materiales, mas no por sus dones espirituales.

Después de esa encarnación, mi espíritu regresaría en un cuerpo femenino y cumpliría verdaderamente mi misión, que ocurriría en el cambio de milenio, en el siglo XXI. Sólo entonces estaría madura y lista para asumir esa responsabilidad. En ese periodo debía estar muy atenta para practicar con honestidad de propósito los ejercicios de espiritualidad que llevaré conmigo en mi esencia.

Llegó el momento de volver a la Tierra, por lo cual tendré que separarme nuevamente de mi alma gemela, mas sé que será por un corto tiempo. Manolo encarnará en un cuerpo femenino y fue decidido que tendrá un pasaje rápido por mi vida terrenal. Su muerte será prematura y en las próximas encarnaciones no podremos estar juntos físicamente. El papel de Manolo en mi vida siempre será el de apoyarme en mi misión terrenal, por medio de sus vibraciones de amor. Nos despedimos y me preparé para regresar. Atravesé el valle del olvido, aunque los recuerdos más importantes quedarían grabados en mi espíritu.

Antes de descender a la Tierra, aprendí que la vida está hecha de varios planos, de los cuales el cuerpo físico es sólo uno, el más espeso o con frecuencia más denso. Además del cuerpo físico, existen otros cuerpos: el etérico, el astral, el mental y el espiritual. Los cuerpos no se sitúan encima o debajo unos de otros, sino que se interpenetran; así, el cuerpo etérico, por ser más sutil y refinado, interpenetra el cuerpo físico, que es más denso; en seguida, el cuerpo astral interpenetra a los otros dos y tiene una alta velocidad de movimiento, así que puede moverse en estado de relajación y durante el sueño. Enseguida está el cuerpo mental y por medio de él es posible el contacto telepático, además de que atraviesa el mundo del espacio: son los casos de espíritus que se aparecen a los amigos a la hora de la muerte, a pesar de vivir en países distantes. Finalmente, viene el cuerpo espiritual, constituido por vibraciones más refinadas y capaz de moverse de modo tan rápido que puede aparecer en todas partes al instante.

Aun cuando estemos físicamente lejos, sé que mi alma gemela y yo estaremos en comunicación por siempre y que nada va a separar a nuestros espíritus, porque entendí que la muerte no existe. Esa comprensión me trajo tranquilidad.

EL PRESENTE CONFIRMA EL PASADO

Abril de 2000: acababa de llegar a Lisboa, procedente de Brasil. Había programado algunas conferencias gratuitas en mi departamento y

73

ésta sería la primera. La sala estaba llena y yo, aunque muy cansada del viaje, inicié la plática con una relajación. Noté la presencia de un hombre muy extraño que estaba en medio de la sala: tenía una energía pesada. Yo haría una conversación informal y haríamos algunas meditaciones, pero traté de no centrar mi atención en aquel hombre que me incomodaba. Pedí la ayuda de mis maestros y continué con mi trabajo. Estaba exhausta después de un viaje de diez horas en avión, sin dormir. Después del relajamiento, me dirigí a los presentes; cuando le hablé a ese hombre, él me respondió groseramente y yo pensé: «¿Todavía tengo que pasar por eso, tener que escuchar esa rudeza dentro de mi casa?»

No lograba entender por qué siempre aparecía ese tipo de persona ante mí, y lo cierto es que siempre es una entre mil, pero, aun así, algunas conseguían desequilibrarme. Era como si estuviesen ahí para ponerme a prueba; no soy santa, tengo sentimientos y no estoy obligada a aguantar la insolencia. No obstante, respiré profundo y continué mis explicaciones acerca del karma y la misión. Cuando todos salieron, pensé: «Necesito hacer una regresión inmediatamente, no sólo para entender, sino principalmente para superar esa situación que me persigue». Me pregunté por qué siempre atraía a ese tipo de personas en mi vida. Intentaba hacer esa regresión que, por un motivo u otro, nunca se realizaba. Entonces pedí a los maestros, con toda fe, que me ayudasen a comprender lo que ocurría.

Fuimos hasta la sala de regresión, donde Nette me auxiliaba, mientras Concepción rezaba en el cuarto de al lado. Después de un breve relajamiento, comencé a tener empatía con mis protectores espirituales, a quienes pedí mucha ayuda para buscar dentro de mí el motivo de esos conflictos. Existía una dualidad que me molestaba —en esos momentos tan dramáticos sentía un enorme deseo de huir de Portugal para nunca más volver. Cuando entré en un estado de conciencia alterado, visualicé a una mujer que iba a ser ahorcada en una plaza pública, donde muchas personas asistían a su muerte; era rubia, bonita y parecía determinada. Vestía ropas largas y en su semblante había mucho odio; miraba indignada a la audiencia y juraba venganza, a la vez que se sentía traicionada, triste y abandonada. En aquel momento empecé a sentir lo que aquella mujer sentía, y percibí que era yo quien estaba en esa situación de ahorcamiento. Yo, Dulce, le gritaba a Nette:

—¡Sácame de aquí, odio a todo y a todos, quiero irme ya de este lugar, deseo volver a mi tierra, quiero que me suelten, que me liberen, yo no soy de aquí!

En ese momento percibí que estaba en Portugal y que era una gitana española que había sido capturada por un noble.

A mi lado, Nette me pedía que regresase un poco más en el tiempo para entender mejor aquella situación. Fui retornando despacio y conseguí visualizar la imagen de esa mujer completamente enfurecida, que agredía a las personas en una fiesta. Yo era esa gitana que destruía todo lo que había frente a sí y que gritaba desesperada. Un sentimiento de ira explotó dentro de mí. Entonces fui hecha presa y condenada a muerte. El hombre que me apresó es mi ex marido en esta vida. El odio creció todavía más cuando lo identifiqué y en ese momento escuché a mis maestros que me decían que necesitaba perdonar y aprender la compasión, pues solamente de esa forma podría resolver mi historia con Portugal. Nette lloraba conmigo, mientras Concepción, afligida, rezaba para suavizar nuestro sufrimiento. Después supe que Nette era Dolores en aquella vida y que Concepción era una amiga portuguesa, llamada Fátima, que me ayudaba a curar con sus plantas y hierbas.

Ese momento fue un punto muy importante en mi vida, porque comprendí mi liga con Portugal y el miedo que sentía a ser traicionada y capturada. Parecía un miedo racionalmente infundado, pero que en realidad estaba registrado con profundidad en mi espíritu y, por fin, había llegado el momento en que ocurriera esa liberación. Después de esa regresión espero regresar a Portugal un poco más tranquila, pues aún no siento la paz que me gustaría experimentar. Todavía existe dentro de mí una mezcla de miedo y de amargura. He pedido a Dios con toda mi fe que la compasión invada definitivamente mi corazón.

Agradezco a todos los que compartieron conmigo esa misión, incluso a aquellos que me hicieron mal e intentaron destruir mi trabajo en Portugal con sus críticas maledicientes. Para mi espíritu fue un gran aprendizaje y una enorme liberación de mis karmas. Sé con certeza que el alma de cada uno tuvo su papel en mi aprendizaje. Hoy siento que tengo libertad de elección, que tengo libre albedrío para volver o no a Portugal; además, siento nostalgia de mis amigos portugueses y muchas ganas de transmitirles mis conocimientos de astrología kármica y regresión.

En los seminarios de fin de semana realizo un trabajo en grupo que denominé Jornada Espiritual, en la cual repetimos lo que hacía en mi vida como la gitana Dorotea: quemar los karmas mediante el ritual del fuego. Esa Jornada Espiritual ha aliviado el karma de muchos de quienes participan en dicho encuentro. Las personas se sienten más ligeras y comprenden su misión en la Tierra por medio de una regresión para despertar sus dones. Otras de las enseñanzas que transmito están relacionadas con los rituales de las almas gemelas.

Imparto también algunas conferencias gratuitas, en las cuales explico el dharma, la misión y muchos otros asuntos que interesan a todos los que asisten a ellas. Hago mi parte con todo cariño, una vez que he aprendido el amor incondicional. Hoy tengo compasión de mis errores y agradezco a Dios por mis aciertos.

A lo largo de mis regresiones me voy liberando poco a poco de mis miedos y, lo que es más importante: he aprendido a amar y respetar al pueblo portugués, y entiendo que todos los que han encarnado en ese país tienen su misión que cumplir. Deseo que mis viajes sean siempre productivos, pues ahora sé que tengo libre albedrío y que estaré en Portugal con mucho amor. Espero ya no sentirme amenazada para seguir teniendo confianza y fe en mi trabajo; solamente de esa forma podré ayudar a quienes me buscan. A partir de ese momento, entendí no sólo mis miedos a no poder salir de Portugal, a no lograr regresar a Brasil, sino también mi pánico y por qué atraje a tantas personas que intentaron perjudicarme.

En esa regresión percibí que, mientras no tuve el merecimiento de saber lo que había ocurrido en otras vidas, jamás pude llegar a esa concientización. Fue necesario que pasara por todos los desafíos, vencerlos y después aceptar mi misión en Portugal para contar con libertad de elección. Tengo la certeza de que mi espíritu vivió en otras encarnaciones en Europa, pero todavía no llega el momento de saber, y debo respetar lo que el plano espiritual ha determinado para mí. De una cosa estoy segura: los mejores consejeros, protectores y maestros espirituales estuvieron siempre a mi lado en los momentos más difíciles y me enviaron a las personas adecuadas en el instante adecuado. Incluso cuando me sentí sola y desamparada aparecía una luz invisible que me guiaba. Ellos apartaron de mí también a todos aquellos que debían ser apartados.

Pasé por muchas decepciones, confié en personas que no lo merecían, pero en compensación aprendí un poco más acerca del ser humano. Hoy puedo decir a pecho abierto que siento un gran cariño por todos mis hermanos portugueses, y agradezco de corazón a quienes apoyaron mi trabajo y me ayudaron sin más interés.

Gracias de verdad a todos los que pasaron por mi vida en Portugal y que me motivaron para cumplir mi misión. A su vez, a aquellos que no me comprendieron les envío mucha luz no porque sea muy buena, sino porque con la regresión aprendí que la compasión es el mejor camino para liberar a mi espíritu. Todavía tengo conmigo muchas características de la gitana Dorotea, tanto positivas como negativas, y estoy intentando perfeccionarme; sé que, con el tiempo, mi alma se liberará de todos esos conflictos.

PERSECUCIONES ESPIRITUALES

Muchas veces no entendemos por qué no conseguimos desvincularnos de ciertas personas, ni por qué algunas relaciones afectivas, de amistad o de fraternidad nos acompañan en nuestras vidas. Incluso cuando queremos librarnos de esas personas conscientemente, parece que todo conspira para que eso no suceda. Por medio del mapa kármico entiendo la relación entre las personas y sus karmas; incluso así, parece haber una energía que aprisiona determinadas relaciones y, para entender esta cuestión, recientemente realicé una regresión.

La primera imagen que apareció fue la de una mujer pobre y sucia que corría en una calle empedrada con dos criaturas. Ella aseguraba y protegía a los niños con miedo a algo o a alguien. En un primer momento no entendí bien de qué o de quién huía ella, pues sólo veía un tumulto y varias personas asustadas alrededor. Percibí que yo era esa mujer y que las criaturas eran mis hijos en ésta y en aquella vida también. Las criaturas se sentían protegidas a mi lado. De repente, apareció un hombre en un carro tirado por dos caballos, un soldado romano enfurecido que venía detrás de mí y de los niños. En determinado momento, él me hizo caer con su látigo, descendió del carro y comenzó a latiguearme, llevándose a mis hijos con él.

Traté de buscar en una época anterior lo que había ocurrido, y me vi en un castillo empleada por ese hombre, que abusaba de mí sexualmente y de quien tuve dos hijos. Como le tenía mucho miedo, huí con mis criaturas y comencé a deambular por las calles de la ciudad en busca de comida para ellos; desafortunadamente no teníamos dónde vivir, íbamos de casa en casa y yo sentía un profundo amor por mis hijos y ellos por mí. Nuestras condiciones de vida eran caóticas y yo sentía culpa por haberlos sacado de la comodidad material que tenían anteriormente. Aquel hombre pasó a nutrir un sentimiento de odio en relación conmigo, y me perseguía por las calles de la ciudad. Yo vivía siempre asustada, hasta que él me encontró y se llevó a mis hijos. En ese momento me sentí completamente sola, triste y desamparada, humillada y débil, sin posibilidades de reaccionar. Tiempo después vi a mis hijos crecidos, que circulaban por la ciudad, hermosos y bien vestidos, y sentí un dolor intenso. Percibí que había hecho todo mal, que había perdido a mis hijos por miedo y que ahora no había retorno, porque ellos nunca me aceptarían como madre.

Llevaba a cuestas un profundo sentimiento de abandono y soledad. Identifiqué en ese hombre a mi ex marido y a mis hijos en esta vida. Cuando percibí que era él, el odio se apoderó de mí y entendí por qué en esta vida, por más que yo intente darlo todo por mis hijos, debo dar siempre más tanto en el aspecto material como en el afectivo y espiritual, y por qué hice una cuestión de honor de no pedir ningún tipo de ayuda a su padre.

Siento un gran miedo de que mis hijos se aparten de mí y en muchas ocasiones tengo un sentimiento negativo respecto de mi ex marido. Varias veces fui humillada por él, debido a mi profesión de astróloga; sin embargo, intenté perdonarlo, pero no fue fácil: creía que esas heridas ya habían sido liberadas, y en ese momento me di cuenta de que no era así.

Procurando entender cómo podemos suavizar nuestro karma a pesar de todas esas repeticiones, recordé una vida anterior: yo vivía en Italia en una aldea muy pobre; tenía muchos hermanos y me encargaba de ellos. Era una vida muy difícil y yo detestaba todo lo que hacía. Estaba enamorada de un muchacho que también se decía enamorado de mí, pero él bebía mucho y no me atendía. Yo me sentía terriblemente sola y desamparada, mi familia no estaba en condiciones de entender mis problemas y yo sufría mucho por eso; no obstante, había una persona que me aconsejaba: era un ermitaño que vivía en lo alto de una montaña. Siempre que podía, yo subía hasta allá para conversar con él, porque era la única persona que podría ayudarme. Le contaba mi vida y él me aconsejaba que tuviese cuidado, que no debía entregarme al hombre de quien estaba enamorada, pues él me haría sufrir mucho.

Yo no conseguía huir de su amor y continuaba encontrándome con él a escondidas, hasta que un día me di cuenta de que estaba embarazada. Se lo dije al padre de la criatura, quien huyó y se fue a otra aldea; fui expulsada de casa y pedí cobijo a mi amigo el ermitaño, quien me acogió con cariño. Cuando mi hija nació la abandoné, dejándola con mi amigo ermitaño en medio del monte, y me fui tras el amor que había desaparecido; empero no logré encontrarlo y me vi obligada a prostituirme para sobrevivir. Fue una vida muy pobre y sufrida, pues me sentía muy culpable por haber abandonado a mi hija y al mismo tiempo me consideraba en deuda con el hombre que cuidaba de ella.

Resolví volver a mi aldea e ir en busca de mi hija, que ya debía tener siete años de edad. Cuando me aproximé al pueblo, fui interpelada y apedreada y morí antes de llegar a ella. Mi espíritu salió de mi cuerpo cargando esa culpa y llegué hasta mi hija, quien era muy bien tratada por el ermitaño. Ella siempre miraba hacia la aldea en busca de su madre, pues no entendía por qué había sido abandonada; al mismo tiempo que tenía ganas de bajar de la montaña e ir a buscarme, también se sentía culpable de dejar a aquel hombre que había sido tan bueno con ella. Sabía que si iba tras su madre, lo lastimaría mucho y optó por continuar ahí, desgarrada por su conflicto.

Esa niña es ahora mi hija Ana Lucía y mi ex marido, su padre en esta encarnación, era el ermitaño de aquella época. El hombre que yo amaba y que me abandonó era Lucas, mi alma gemela. A partir de esa regresión, entendí que actualmente la deuda con mi ex marido me hizo aceptar dos hijos suyos con otra mujer, y comprendí también por qué Ana Lucía siente mucho cariño por su padre y por qué estuvo tan dividida entre los dos en el tiempo de nuestra separación.

Concluí que la encarnación anterior fue resuelta en esta vida cuando me casé con Marco Antonio, a pesar de todo el odio que sentía por su espíritu en mi vida como Dorotea; sin embargo, él había sido bueno conmigo en una época posterior. Resolví también mi karma con él cuando acepté a dos hijos de su primer matrimonio en esta vida; todo ello hizo que nuestro karma se equilibrara un poco más. Asimismo, aprendí que todos esos sentimientos se mezclan dentro de nosotros, y por eso muchas veces tenemos relaciones de amor/odio con algunas personas, y la mejor forma de resolver esas cuestiones es mediante el perdón. No basta con perdonar racionalmente, sino que tenemos que transmutar la energía que quedó impregnada en nuestro cuerpo espiritual, porque esa energía nos acompaña en muchas encarnaciones.

Algunas situaciones deben ser elaboradas dentro de nosotros para que surtan un efecto más rápido en nuestras vidas. Ahora comprendo que una energía negativa acabó por envolver a esos dos espíritus por más encarnaciones, situación que ha de resolverse un día: en la vida anterior quedó algo pendiente, así que en esta vida intenté no repetir el mismo error y luché por ayudar a mis hijos en todos sentidos. Está claro que soy humana y no sé si voy a lograr todo, pero lo intento con fuerza, fe y coraje.

¿Por qué algunas personas sienten miedo de todo y sufren el síndrome de pánico que las ataca sin piedad? Tienen temor a salir a la calle, a un asalto, a los accidentes y a la muerte inminente. La explicación está en nuestra vida anterior, cuando pasamos por alguna situación peligrosa, porque nos quedamos atorados con el peligro, con la certeza de que atraeremos más sufrimiento a nuestras vidas. Hay quien dice al respecto: «No tengo suerte en el amor, sólo atraigo a personas que me hacen sufrir, soy un fracasado en los negocios, todos me engañan, mi jefe no me paga lo que merezco», en fin, eso crea un círculo vicioso, y es el miedo que genera preocupación, tensión y ansiedad y termina por deprimir a la persona. Si la gente tuviese una mínima conciencia del karma, seguramente conseguiría superar todo con mucha mayor tranquilidad y amor.

La doctrina de la reencarnación afirma que toda alma revive experiencias humanas al adquirir gradualmente habilidades y al fortalecer su poder de evolución, mostrando que el espíritu es inmortal y que cuando el cuerpo fallece se desprende y se va hacia otros planos. A medida que reencarna en la Tierra, adquiere nuevas experiencias y equilibra su patrón energético. Si alguna parte de su desarrollo fue descuidada, regresará con certeza a la Tierra para aprender las lecciones no comprendidas. Es importante entender que cuando un alma ha vivenciado muchas vidas y muertes, una existencia de mucho poder y abundancia no siempre representa un aprendizaje positivo, pues algunas de las lecciones más importantes sólo pueden ser aprendidas en una vida simple y humilde.

ALMAS QUE SE CRUZAN

Año 2000: regresé a Brasil y decidí, junto con mis hijos Michel y Ana Lucía, rentar una casa cercana a la mía para que trabajáramos juntos.

Mis hijos querían ayudarme a organizar mi trabajo y me sentí muy feliz de tenerlos a mi lado. Volví a dar mis cursos de astrología y reuní a algunas personas, una de las cuales era Lara, quien en esta vida se llama Marcia y que en aquella vida pasada curaba con hierbas y plantas. Hoy es una doctora psiquiatra y tiene mucho interés en la astrología y en la relación entre las almas gemelas. Al igual que Lara, ella también tiene un gran amor en esta vida, un amor difícil de realizar, pues él ya tiene una familia. Al asociar las dos vidas, Lara/Marcia, entendemos por qué en esta encarnación ella acepta con amor y resignación la situación en la que vive. Aprendió que, como Lara, hoy ella debe resolver sus conflictos con la esposa de su amado, que en aquella vida era Leonor, madre de Fabricio, y que sentía mucho odio por Lara. En esta vida, la historia se repite de alguna forma: hoy Leonor está casada con Fabricio, quien, por la culpa que sintió por haberla abandonado cuando era su madre en el pasado, en esta vida decidió casarse con ella y tener dos hijas: las hermanas que también había abandonado anteriormente.

Marcia ya sufrió mucho y con mis explicaciones de astrología entendió que necesitaba respetar el momento kármico de su amado y que no debía interferir en su decisión de permanecer junto a su familia, pero ella tiene la esperanza de estar a su lado, esta vez sin cargar con las culpas que adquirieron sus espíritus.

Estuvimos dos años en mi nuevo espacio, un tiempo muy importante para mí y para mis hijos. Nos unimos más y pude transmitir a un mayor número de personas lo que había aprendido al recorrer muchas vidas pasadas, hasta que resolví volver al lugar donde me siento realmente protegida, que es mi casa. Aquí tengo más tranquilidad para escribir y para comunicarme con mis maestros espirituales sin ninguna interferencia.

María José, mi amiga portuguesa, era una de las gitanas que participaba en nuestros rituales; ella se llamaba Joana y era muy sensible, siempre aprendiendo y enseñando, tenía pureza de alma y el don de leer los pensamientos de las personas que recurrían a ella, podía saber si eran honestas o si mentían, le gustaban tanto las joyas como las ropas bonitas, y usaba lindos vestidos y bordados; además, con sus largos y negros cabellos, seducía a todos con amor y gracia. A veces Joana parecía una criatura indefensa, pero era muy fuerte interiormente y nadie lograba engañarla. Éramos muy unidas, siempre reíamos y jugábamos, y adorábamos las fiestas, en las que danzábamos alrededor de la hoguera. Practicábamos muchos rituales y Joana también tenía su alma gemela, que era un gitano bastante posesivo, muy tímido y con gran dificultad para comprometerse. A pesar de ello, Joana siempre lo esperaba.

Sheila es otra persona que vivió conmigo en aquella vida pasada, como la sabia Alina, quien me transmitió muchos conocimientos y que en esta vida también hace lo mismo. Tenemos gran empatía y Sheila parece leer mis pensamientos, pues tiene ese don desde aquella vida como Alina. Ya nos habíamos encontrado en la época de san Francisco y ella me ayudó a escribir mi segundo libro, *Almas gemelas en busca de la luz*, en el cual narro la historia de san Francisco y santa Clara, quienes lograron trascender la materia y se transformaron en *luz*. Sheila trae esas dos energías dentro de sí: la del fraile franciscano y la de la gitana Alina.

Conocí a Sheila en 1995, poco después de la publicación de mi primer libro, *Alma gemela: el encuentro y la búsqueda*, en el cual cuento mi historia de amor y todo lo que viví en esta vida con Lucas, quien en aquella existencia era Manolo.

Sheila también reencontró a Julián. En esta vida sufrió mucho cuando él se fue a Inglaterra y la dejó aquí como hizo la otra vez. Como podemos darnos cuenta, las historias se repiten a menudo y nuestro espíritu crea un hábito que nos acompaña en muchas encarnaciones. La seducción de Alina quedó registrada en el espíritu de Julián, y hoy él tiene miedo a involucrarse y sufrir de nuevo. No sabemos si en esta vida conseguirán estar juntos físicamente, pero eso no importa porque Sheila sabe que él es su alma gemela y que en otra encarnación volverá a encontrarlo. Entonces, ¿para qué tener prisa?

El Antonio Jorge del pasado es mi ex marido Marco Antonio en esta vida; de nuevo, «las vidas se repiten...» porque en esta encarnación también dejé a Lucas, mi alma gemela, para irme con Marco Antonio. También esta vez me dejé llevar por su poder y la energía era la misma: un poder externo y no interno; el espíritu de Marco Antonio, al igual que el de Antonio Jorge, necesita evolucionar más. No es por casualidad que, a veces, vuelvo a sentir coraje contra él, por ser el responsable de mi separación de Lucas también en esta vida.

Michel y Ana Lucía, mis hijos en esta encarnación, son los mismos espíritus que habitaban los cuerpos de Mikael y Mariana en Sevilla y hoy son hijos de Marco Antonio, el Antonio Jorge que me aprisionó en el pasado. Esos hijos me ayudaron a vivir con Marco Antonio en esta vida para que yo pudiera liberarme de ese karma negativo.

Hoy entiendo que el espíritu tiende a repetir el mismo patrón energético, lo cual se transforma en un círculo vicioso que no tiene fin. Sé también que la concientización del pasado nos permite liberarnos de ese patrón para que nuestro espíritu pueda evolucionar; por lo tanto, es preciso entender el pasado para mejorar el presente. El futuro dependerá de nuestras actitudes de hoy.

Mi amigo José, quien intentó salvarme en Portugal cuando era Dorotea, es ahora mi abogada y amiga en esta encarnación, una gran amiga portuguesa que siempre me da mucho apoyo: mi querida María José. Antes de tener conocimiento de esos hechos, ella hizo una regresión conmigo y se vio como un juez que aprehendía a una gitana y después la ayudaba a huir con su compañero gitano. En dicha regresión, María José me identificó como esa gitana y posteriormente todo fue confirmado por medio de mis regresos al pasado.

Esas experiencias me enseñaron que nada se pierde, sino que todo se aprende. Los conocimientos que obtuve en mi vida como la gitana Dorotea quedaron registrados en mi espíritu y los traje conmigo a esta encarnación; además, ellos me ayudan hoy a liberarme de ese patrón que se repite. Sé que hasta el final de mi vida en este cuerpo como Dulce Regina habré liberado muchas energías que me aprisionaron durante numerosas encarnaciones; por ende pido a Dios que ilumine siempre mi mente para continuar teniendo esas vislumbres del pasado, para que cada día comprenda más mi situación actual y para no continuar cometiendo los mismos errores.

Sé que mi espíritu vino a la Tierra como gitana durante muchas vidas, por eso mi intuición y mis conocimientos de astrología datan de hace largo tiempo. Hoy entiendo que nuestras vidas se repiten en algunas encarnaciones, mientras que en otras vivimos lo opuesto.

Es necesario, para nuestra evolución, que haya un equilibrio a fin de que el espíritu no repita el mismo patrón energético y evite caer en los opuestos para aprender sus lecciones. Mi espíritu vivió múltiples encarnaciones de poder y muchas otras también en ambientes humildes. Una situación que me hace cuestionar mi vida actual es que en encarnaciones pasadas nunca tuve una relación muy fuerte con mi familia de origen. En la mayoría de esas vidas no tuve familia; en mi vida como la gitana Dorotea, mi familia era mi pueblo y en mi vida como la clarisa Lucía, mi familia estaba constituida por hermanas espirituales, clarisas también, junto con santa Clara y san Francisco.

En la vida en que nací dentro de una familia no me sentí integrada al seno familiar, situación que se repite en esta vida: no logro crear vínculos con mi familia de origen; muchas veces estoy más ligada a personas que no pertenecen a mi familia en esta vida. Durante muchos años, eso fue un conflicto y siempre me reprocharon por ser tan «desapegada»; sin embargo, hoy no me siento culpable por eso, sino que siento que mi familia necesita mi ayuda; actualmente estoy más próxima a mi familia cósmica; viví muchas vidas en comunidad y para mí todos eran mis hermanos, aunque en otras encarnaciones no fui aceptada por mi familia. Tal vez mi alejamiento venga de ahí.

Todos esos cuestionamientos me hicieron escribir mi segundo libro, *Almas gemelas en busca de la luz*, en 1996, en el que narro una vida anterior cuando viví en una comunidad, y mi nombre era Lucía.

UN SOLO ESPÍRITU EN VARIOS CUERPOS

Italia, 1200: Lucía era una joven humilde y sin familia y se enamoró de un hombre que la condujo a la espiritualidad. Por medio del franciscano Ángelo, Lucía conoció el amor incondicional y se dedicó, junto con la hermana Clara, a una vida de abnegación en beneficio de las personas pobres. Fue una vida dedicada totalmente al aprendizaje del amor espiritual que trasciende el amor físico. En esa vida, mi espíritu vivió con su familia espiritual, que eran las hermanas clarisas.

Lucía/Dorotea/Dulce Regina era un solo espíritu que pasó por aprendizajes muy diversos y extremadamente necesarios, a pesar de que sus vidas fueron muy distintas. Mi cuerpo estaba siempre oprimido en un convento o en una prisión, lo cual me hizo concluir que la libertad que siempre busqué está dentro de mí y que necesito estar durante muchas vidas presa físicamente para aprender la libertad espiritual, con una profunda libertad interna, pues en todas mis vidas siempre hice lo que quise, siempre fui en busca de aquello en lo que creía e, incluso confinada físicamente, era libre en lo espiritual.

Lucía fue en busca del amor terrenal y acabó conociendo el amor incondicional. En su simplicidad, ella entendió lo que era el verdadero amor, pero éste no fue completado en el plano físico, pues ella no pudo vivir con Ángelo como hombre, sino con un Ángelo en busca de la pureza y la simplicidad de la vida. Un pasaje del libro *Almas gemelas en busca de la luz* dice:

> Lucía era pequeña y frágil sólo en apariencia… ¡libre! Fue así como me sentí durante la primera de varias regresiones para la encarnación en que fui la clarisa Lucía. En aquella vida, no tenía la sensación de que era esperada en casa por un padre, madre o hermanos. Sentía que formaba parte de una comunidad mucho mayor y más importante que la integrada por nuestros hermanos de sangre: ¡la familia cósmica, universal! Lucía no buscaba un hombre físicamente, sino un amor pleno; no deseaba un hogar terrenal, según los moldes tradicionales, porque creía que el universo era su casa y todos los hombres sus hermanos. Quería la esencia y no la materia, por lo tanto, anhelaba la libertad mayor: la libertad de ser…

Lucía estaba aprisionada en una casa de oración, pero se sentía libre: descubrió que su libertad era interna y no externa. Sus amigos más allegados eran los franciscanos, quienes le enseñaban el amor fraternal. Se sentía muy feliz con sus hermanos espirituales, uno de los cuales era muy bondadoso y la protegía como un padre que la ayudaba por medio de la intuición. Ella vivía con Ángelo en la misma comunidad y ambos cuidaban el ganado y los caballos de la región. También sembraban juntos y cuidaban la tierra, a la que Ángelo era muy aficionado, porque le transmitía muchas enseñanzas; eran muy unidos y Lucía los acompañaba con su mirada distante.

Cuando araban la tierra, ella se sentía feliz de saber lo que ocurría con Ángelo por medio de fray Damián. Esa unión espiritual iría a perpetuarse, pues eran amigos verdaderos, y como no había ningún involucramiento, a no ser espiritual, era mucho más fácil convivir con él que con Ángelo, pues el amor que Lucía sentía por éste al principio era también terrenal y más tarde se transformó en espiritual. Lucía sentía mucho afecto por Francisca, su amiga en la comunidad de las clarisas y quien representaba a la madre que ella no había conocido. Se sentía protegida y cuidada por ella cuanto estaba enferma o triste, y así nació un gran cariño entre ambas hermanas espirituales.

Muchas veces Lucía y Francisca buscaban a fray Ángelo o a fray Damián para conversar acerca de la naturaleza, además de ayudar a los leprosos y esa misión era la razón de sus vidas. Oraban juntos y en la fase de Luna llena se quedaban observando el cielo. Ambas aprendían mucho con los dos frailes, quienes también les enseñaban el «arte» de la sensibilidad y de la intuición, a la vez que cultivaban plantas y hierbas para curar a los enfermos. Fray Damián tenía grandes conocimientos de esas plantas y fray Ángelo de los animales. Cuando un caballo enfermaba o estaba herido, fray Ángelo buscaba a Lucía y a Francisca para que lo curasen.

Después de la vida de Lucía, reencarné como Dorotea y viví durante algún tiempo el amor físico que había quedado incompleto en mi vida como Lucía. Ambas poseían las mismas características: eran rebeldes e independientes y, aunque estaban presas físicamente, se sentían libres en lo espiritual y así me siento ahora en mi vida como Dulce Regina: una mujer con muchas obligaciones y responsabilidades y aprisionada por mi trabajo; sin embargo, la libertad espiritual siempre será mi lema. Desde niña intenté entender el mundo espiritual y fui muy incomprendida por eso. Cuando comencé a estudiar astrología hace más de veinte años, fui discriminada por todos, que no entendían mi búsqueda; también fui cuestionada por mi familia, mi ex marido y personas que no aceptaban mi trabajo; a pesar de todo, continúo insistiendo en mi creencia.

Luis XV: El bello, el bien amado

Siglo XVIII, Francia: tercer hijo de Luis, duque de Borgoña y de María Adelaida de Saboya, bisnieto de Luis XIV, nació en 1710 y fue rey de Francia de 1715 a 1774. En un principio, reinó bajo la regencia de Felipe de Orleáns. Príncipe inteligente, Luis XV se casó con la hija del antiguo rey de Polonia, pero comenzó a declinar cuando se dejó influir por sus amantes, madame de Pompadour y madame de Barry, al permitir que reinasen sus favoritas. Los hijos de Luis XV fueron: María Luisa, Ana Enriqueta, Luisa María, Luis, Felipe de Anjou, María Adelaida, Victoria, Sofía y Teresa. Su sucesor fue su nieto, Luis XVI.

El estilo de Luis XV era menos severo que el de su predecesor, Luis XIV. Las salas de gran lujo fueron sustituidas por salones más chicos y más íntimos, en tanto que la espiral y las curvas irregulares sustituyeron a la línea recta en la decoración.

En esa época, la abundancia y la prosperidad reinaban en Francia, principalmente entre los nobles, pero no sucedía lo mismo con la plebe. Los reyes de Francia estaban en auge, los bailes de máscaras en el palacio de Versalles se realizaban en el Salón de los Espejos, la belleza y el lujo impregnaban la corte. A su vez, las mujeres desempeñaban un papel importante en aquel tiempo, se interesaban por la filosofía y buscaban perfeccionarse. Por otro lado, también participaban mucho en el arte de la seducción. Luis XV poseía un espíritu bueno, pero tenía dificultades para gobernar y dejaba que sus preferidas lo hiciesen; además, le gustaba diseñar piezas de mobiliario y llegó a ser famoso por eso en su época; tenía el don del arte y era también extremadamente sensible y espiritual.

Dicho personaje fue coronado rey muy joven y no tenía conciencia de la responsabilidad que asumía. Se casó a los quince años con una noble polaca. Era un hombre apuesto, muy vanidoso e inventó el tacón Luis XV, pues quería aparentar ser más alto de lo que realmente era.

En aquella época surgió en la corte un conde de nombre Saint Germain, quien era un maestro alquimista y hablaba muchas lenguas: francés, alemán, portugués, griego, latín, sánscrito, chino, italiano y español; además tocaba el violín, pintaba y podía transmutar en oro el metal. Era amigo íntimo de Luis XV y recibió de él una suite en el castillo real de Chambord. Algunos lo consideraban un charlatán, pero incluso así no desistía de cumplir su misión en Francia, intentando orientar a los reyes en el uso de la llama violeta de la transmutación. En ese tiempo, Saint Germain ya había ascendido desde el 1° de mayo de 1684, por lo cual podía desaparecer en el aire. Conservaba la juventud aun pasados muchos años y consideraba que el futuro era impredecible: creía que a cada momento podemos modificarlo con nuestros actos.

«El futuro es llamado tal vez, ésa es la única forma de denominarlo. Lo más importante es no permitir que nos amedrente.» Saint Germain mostraba que nuestras decisiones diarias y nuestras acciones pueden modificar lo que vendrá, pues somos un reflejo de nuestro pasado, y el futuro será un reflejo de nuestras acciones de hoy.

El final del siglo XVIII marcaba el término de un antiguo orden en Francia, y Saint Germain trataba de hacer que eso sucediese pacíficamente. Conocía el elíxir de la juventud, así como el arte de curar y el uso de las hierbas medicinales, por lo cual era llamado «el hombre que nunca muere».

Soy un noble en esa época: mi nombre es Luis, un hombre guapo y muy joven. Tengo preferencia por los placeres de la vida, adoro un buen vino y aprecio una mesa refinada y repleta de manjares. Me encanta vivir en esta época llena de lujo, me gusta lo dorado, el oro, y enloquezco por estar en un baile de máscaras, en el cual puedo ser más auténtico sin ser identificado. Desde niño aprendí que debemos respetar la etiqueta y ser educados. A veces me cansa todo ese protocolo y prefiero ser más natural. Existe dentro de mí un conflicto: siento mucho placer al entrar en un gran salón y que todas las personas se volteen a mirarme, pero al mismo tiempo me incomoda cuando observan mis actos, como si yo nunca pudiese equivocarme.

Las responsabilidades y los papeles que debo firmar me llenan de tedio; muchas veces ni siquiera leo lo que firmo, ni tengo mucha conciencia de lo que hago, porque soy demasiado joven.

Mi mujer es casi una niña y no sabe nada de la vida. Yo tenía sólo quince años cuando nos casamos, pero desempeñé bien mi papel. Luego quedé encantado con las mujeres de la corte; son mujeres más experimentadas que la mía y me enseñan el arte del amor. Me gusta estar con varias y adoro conocer sus secretos. Una madame, bella y muy astuta, me sabe inducir a hacer lo que ella quiere. Siento que de ella emana cierto peligro y que debo tener cuidado, pero estoy tan embelesado con su belleza que me olvido de todo cuando me encuentro con ella. Muchas otras intentan seducirme, aunque siento que no necesito hacer nada para estar junto a esas mujeres, pues ellas vienen a mis aposentos en medio de la noche y me cubren de besos. La vida es para mí una fiesta, mas con el correr de los años comienzo a aburrirme, pues esas facilidades me cansan.

Casi todos me admiran. Fui educado por preceptores y casi no conviví con mis padres; más bien, existía un gran distanciamiento entre nosotros, y no recuerdo haber tenido alguna demostración de cariño por alguno de ellos; incluso así no me siento solo, sino que desde el momento en que abro los ojos ya tengo a varios criados alrededor de mi cama, que es muy alta y grande. Duermo en un aposento separado del cuarto de mi esposa, por lo cual sólo nos encontramos cuando está permitido; además, tengo que seguir rigurosamente todo el protocolo y no puedo hacer lo que quiera. Eso me irrita y, a pesar de todo el lujo y la belleza, tengo deseos de ser más libre, me siento preso y a veces quisiera huir de este lugar para tener más libertad, sin embargo, existe también la otra cara de la moneda: aprecio mucho el lujo y la riqueza, así nací y no conozco otro tipo de vida. Recuerdo que cuando tenía trece años un manto de terciopelo bordado de oro y piedras preciosas fue colocado sobre mis hombros. En ese momento sentí un peso enorme, como si estuviese cargando el mundo en las espaldas; sin embargo, no entendí muy bien por qué tenía que usar aquel manto tan pesado: me dijeron que era una tradición familiar.

Tengo pocos amigos verdaderos, aunque no sé si puedo contar con ellos; tengo la sensación de que a ninguno le caigo bien, a pesar de tener siempre a mucha gente a mi alrededor. Algunos fingen todo el tiempo pero aprendo mucho con ellos y sé que debo ser menos ingenuo. Las mujeres son mi debilidad, ellas me hechizan, aunque son tan fáciles de conquistar que a veces pierdo el deseo. Por ello, ansío encontrar un gran amor.

Mi vida se está volviendo un poco monótona. Dicen que el pueblo está enojado con la corte, que no hacemos nada para mejorar su vida, sino que gastamos todo el oro en fiestas y en construcciones repletas de riquezas. Sé que esto es verdad y muchas veces me culpo por no ayudarles como quisiera; no obstante, trato de ser bueno y darles un poco de distracción; tengo deseos de acercarme más al pueblo, pero me aconsejan que no lo haga, sino que debo mantener la distancia. Esto me incomoda y muchas veces paso noches sin dormir, preguntándome qué podría hacer para ayudarlos.

Nací en la realeza y no sé cómo trabajar para ganar dinero. ¿Qué culpa tengo yo de haber nacido en esas condiciones? Mis deseos son cumplidos inmediatamente y nada me falta; la abundancia es tanta que en las fiestas paso la noche comiendo y bebiendo y después me voy a la cama con una de mis favoritas. Tengo un aposento repleto de vestimentas bordadas en oro y nunca repito la misma ropa. Yo mismo diseño mis zapatos, soy bastante creativo y tengo buen gusto.

Mañana es el baile de máscaras en Versalles, por lo cual voy a pasar el día preparándome para la noche. Esa fiesta es muy lujosa y esperada en la corte: son momentos de mucha alegría con baile, mujeres y gran abundancia de comida y bebida.

En la corte se comenta que un conde llamado Saint Germain será el invitado de honor. Por ser una persona misteriosa, algunos hablan de él con admiración y respeto, pero otros sienten temor y desconfianza. Dicen que él no envejece y que se disloca con facilidad, y así puede estar en dos lugares al mismo tiempo. Son tantas las historias acerca de ese hombre, que siento curiosidad por conocerlo. Mañana será el gran día: ¿vendrá él acompañado por una hermosa mujer? Estoy más interesado en su compañera que en él, pero me hallaré atento para saber quién es él realmente y si no engaña a todos con alguna magia.

Hoy conocí al conde de Saint Germain, quien verdaderamente es un hombre extraño; ¿será un auténtico conde? ¿Tendrá poderes sobrenaturales? ¿O será un charlatán? Su mirada es penetrante y él me dijo que tenía muchos conocimientos que transmitirme. No estoy muy interesado en sus conocimientos, pero dicen que él conoce el secreto de la eterna juventud, lo cual sí me atrae.

La fiesta fue un éxito y él fascinó a todos con sus palabras; además mucha luz emana de su persona.

Asimismo, adoro la belleza de la corte y soy muy vanidoso, a la vez que aprecio el arte y me gustan los ambientes acogedores y con muchos detalles. Parece que nací sabiendo algunas cosas, principalmente la belleza de la decoración y el arte, por lo cual paso muchas horas de mi tiempo diseñando mobiliario, así como siento placer de crear muebles bellos y refinados; dicen que mi estilo es diversificar. Me canso con facilidad de ambientes y situaciones repetitivos, por lo que necesito estar siempre cambiando, conociendo a nuevas personas.

Por otra parte, soy muy negligente con mis hijos y casi no tengo tiempo para ellos, pues mis prioridades son otras.

Aquel hombre misterioso, el conde, me pidió una audiencia particular. Pensé en rehusarme, pero como él me fascina decidí aceptar.

Me encuentro con él y me muestra unos diseños coloridos que parecen fuego; el tono que predomina es el violeta. Tiene también en sus manos el diseño del cielo y de los planetas, y parece querer enseñarme algo muy importante.

Todo eso despierta mi curiosidad; por ello acordamos encontrarnos todas las tardes para intercambiar ideas; él dice que me ayudará a descifrar lo que significan los astros y las estrellas del cielo, así como a interpretar sus mensajes; me cuenta también que la muerte no existe y que nuestro espíritu es eterno. Todavía no consigo entender muy bien lo que quiere decir. Para mí, sólo tengo que aprovechar bien la vida y hacer todo lo que me venga en gana, pues puedo morir en cualquier momento, de modo que es preciso que usufructúe todo aquello a que tengo derecho. Sé que esto parece egoísta, pero fue lo que siempre escuché desde que era niño.

Aprendo astrología con Saint Germain; por ser él un maestro que tiene el poder de leer los mensajes del inconsciente, despierta en mí el deseo de buscar tales conocimientos. Dice que yo tuve varias existencias como gitana y que en una de ellas mi nombre era Dorotea; en esa vida desarrollé mi intuición y sensibilidad y podía leer los astros en el cielo, así que hoy sólo debo recordar aquello que ya sé. Me hizo gracia saber que había sido una mujer; ¿será por eso que soy tan vanidoso y que me gusta pasar varias horas contemplándome en el espejo? Él me dice que el espíritu es eterno, que traemos de otras vidas terrenales esos conocimientos, que el cuerpo es sólo una vestimenta para el espíritu, que la vida en la Tierra es un pasaje, que estamos aquí para evolucionar y que nuestro espíritu proviene de otras galaxias.

También me contó que nuestro espíritu encarna dentro de grupos, que es común reencontrarnos con la gente con quien compartimos experiencias en otras vidas, lo cual nos da la oportunidad de resolver lo que quedó pendiente; además, solemos sentir simpatía o antipatía por personas que encontramos por primera vez, y experimentamos lazos de amor o desconfianza; de ese modo se ajustan las viejas enemistades y los antiguos amores pueden continuar y volverse más bellos. Nada se pierde ni se desperdicia, sino que al final todos llegamos a la misma meta de perfección, pero estamos en distintas fases de evolución.

Me explicó que el espíritu sale del cuerpo físico cuando éste duerme y que podemos hacer esto conscientemente. Un día me invitó a realizar un viaje por el universo. Hicimos una relajación y él me ayudó a salir del cuerpo: fue emocionante ver mi cuerpo acostado y a mi espíritu que flotaba encima de él. Era una sensación extraña pero muy gratificante, sentía una ligereza y un bienestar indescriptibles;

vi al conde a mi lado y juntos comenzamos a volar por el espacio. Al principio sentí miedo y él me dijo lo siguiente:

—La fe es siempre un factor importante para evolucionar; tienes confianza en ir a los lugares cuando tu espíritu está dentro de tu cuerpo, así que ¿por qué no tener la misma confianza de dejar que tu espíritu vuele cuando tu cuerpo reposa?

Estuve consciente de que atravesaba el espacio. Él me contó que el cuerpo astral sale del cuerpo físico de noche mientras duermo, y que si me fui a la cama sintiendo coraje contra alguien, el cuerpo astral viajará hasta donde se halla dicha persona y descargará esa energía en su cuerpo, como si fuese un fantasma. Si la persona está receptiva, vulnerable o durmiendo, esa energía penetrará en ella; de lo contrario, volverá con toda su fuerza, pero al doble; por lo tanto, el mal que yo haya enviado regresará a mí.

Cuando me di cuenta, ya estaba muy lejos de mi cuerpo físico. Subíamos cada vez más, y la Tierra se hacía pequeña a nuestros ojos: era muy extraño mirar todo desde arriba. «Este viaje es fascinante», pensé.

Nos detuvimos un momento, admirando la belleza y la perfección del universo, e hicimos una plegaria con la que agradecí esta oportunidad. Percibí que yo estaba atado a mi cuerpo físico mediante un hilo energético, pero el conde se encontraba totalmente libre, sin nada que lo atase a la Tierra. Él me explicó que ese hilo se llama *doble etérico*, y que cuando el cuerpo muere, el hilo se desprende y el espíritu viaja a otros planos más elevados. Algunos no logran subir y se quedan apegados a su cuerpo por mucho tiempo; esos apegos pueden ser materiales o afectivos y el espíritu no se desliga de su vida terrenal. Le pregunto cómo hacer para no quedarme atado a la Tierra y él me dice:

—Luis, considera que la vida terrenal es un pasaje, así como que el cuerpo físico es una vestimenta para el espíritu, y procura perdonar todo y a todos. Pide perdón a todas las personas a quienes hayas hecho algún mal; es mejor resolver esas cuestiones en vida, porque después de la muerte se torna más difícil liberarse de tales sentimientos; por lo tanto, no pierdas ninguna oportunidad de realizar el bien. Todo ese poder te fue dado para que lo utilices positivamente. Aprovecha tu encarnación y no te ates sólo a los placeres terrenales. Sé que esto es muy difícil para ti, porque tu espíritu carga con esos hábitos de otras vidas. Voy a llevarte a la sala donde se trabaja con la llama violeta para ayudarte, pero no va a ser posible purificarlo todo; además, tendrás algunas otras encarnaciones en la Tierra, para poder desprenderte de la tela del karma. Pero podemos suavizar tus próximas vidas. Casi llegamos al sitio donde está guardada la llama violeta, la cual disuelve las raíces de los problemas psicológicos de la infancia y de otras encarnaciones que se depositaron en las profundidades de la conciencia. La llama violeta alivia el corazón y ayuda a curar de antiguos traumas.

Llegamos así a un salón enorme con una puerta en arco que se abrió para nosotros. Dentro había una enorme hoguera de color violeta, situada en el centro y alrededor de ella muchos seres de luz que protegían la llama.

Entonces le pregunté:

—¿Por qué la llama violeta es tan poderosa?

El conde respondió que, en nuestro mundo físico, la luz violeta posee la menor longitud de onda del espectro visible y, por lo tanto, es la frecuencia más elevada. Como la frecuencia es directamente proporcional a la energía, la luz violeta contiene la mayor carga energética, lo cual demuestra que tiene la capacidad más intensa para transformar la materia en el nivel atómico y, cuando varias personas se reúnen para invocar la llama violeta, su poder es mayor. A su vez, el uso del fuego violeta disuelve y transmite las energías imperfectas cuando es acompañado de una sincera petición de perdón por nuestros errores —eso tiene el valor de un pase mágico. Me dijo que debía repetir muchas veces en el día: «Yo soy la ley de perdón y la llama transmutadora de todo error que cometí».

—Vamos ahora a invocar la llama violeta para ayudarte a eliminar una parte de tus vicios —continuó diciendo el conde—. Piensa en todo lo negativo que ha pasado en tu vida y siente que esas escenas se transforman en dibujos y que los lanzas mentalmente al fuego violeta.

Concentrado, imaginé una escena en la cual fui ridiculizado por los criados cuando era niño porque no podía caminar con el pesado manto que me colocaron en las espaldas, y no sostenía el equilibrio en los zapatos que tenían pequeños tacones. Yo caía y me levantaba, una y otra vez. Sentí mucha vergüenza y bastante coraje contra ellos en ese momento. Ésa fue la primera imagen que apareció en mi mente. Percibí que en múltiples ocasiones, cuando entraba al salón, tenía miedo a volver a caer, entraba en pánico y mis manos sudaban de nervios; entonces me di cuenta de que aquella situación me había marcado grandemente.

Mentalicé la escena y la lancé al fuego violeta con mucha fuerza de fe, pues ya no quería tener aquella sensación. Cada pensamiento que yo aventaba a la hoguera hacía arder ésta, mientras que el fuego subía y percibí que aquella energía realmente era muy poderosa. Otras escenas pasaron por mi mente, como algunas sentencias de muerte que firmé sin saber lo que hacía. Me di cuenta de cuán irresponsable había sido y me culpé por eso. El fuego ardía y quemaba también la sensación dentro de mí: veía escenas en las cuales yo era muy exigente y pensaba que todos tenían que servirme. Innumerables escenas pasaron por mi mente y yo me fui sintiendo más ligero.

Nunca había podido imaginar que esas situaciones me habían marcado al punto de perjudicarme. Enseguida hicimos algunas oraciones y el conde me aconsejó parar, pues yo tenía que resolver, mediante una comprensión más profunda en mi próxima encarnación, otras cuestiones. Nos retiramos de la sala e iniciamos el viaje de regreso a mi cuerpo. La sensación de ligereza me dejaba en paz y en armonía conmigo mismo. A partir de esa experiencia, comencé a prestar más atención a mis actos y a mis palabras e intenté vivir de una manera más sensata.

Dicho aprendizaje lo puse en práctica e invité a algunas mujeres que formaban parte de la corte. Nos reunimos en una sala secreta donde había un enorme globo terrestre, la misma sala donde Saint Germain me enseñaba. Las mujeres de la época estaban interesadas en filosofía y apreciaban mis conocimientos. Eran mujeres vanidosas y gustaban del lujo y de la riqueza, pero al mismo tiempo eran muy receptivas y sentían deseos de aprender más. La vida en la corte era muy fútil: fiestas, bebida, comida, ropas y joyas. Yo tenía la certeza de que no podría vivir así por mucho tiempo, porque tenía algo más que realizar. A veces, cuando me acomodaba, suspendía las reuniones y otras veces contaba acerca de Saint Germain; noté que a todas les interesaban mis experiencias.

La mayoría de la corte desconocía el contenido de esas reuniones secretas; algunos decían que practicábamos brujería; sin embargo, yo no me molestaba con esos comentarios y continuaba feliz transmitiendo lo que aprendía. Hablaba con entusiasmo respecto del conde y sus descubrimientos. De esa manera, las fiestas comenzaron a tener otro significado para mí y pasaron a ser una extensión de nuestras reuniones, en las que discutíamos sobre la vida y los astros, y todo tenía sentido: realmente existía una sincronicidad en el universo y nada ocurría por azar. Con el tiempo, me di cuenta de que las personas comenzaban a ver en mí aspectos que no conocían: me volví más humano y sensible, a la vez que mi vida comenzó a tener un nuevo significado.

Muchas veces estaba tan absorto en esa área espiritual, que me olvidaba de mis deberes como noble de la corte. Vivía en dos mundos antagónicos: por un lado, el lujo, la riqueza y las fiestas, y por otro la simplicidad de las reuniones espirituales. Tenía dificultades cuando me desligaba de la sintonía de la Tierra y penetraba en el mundo espiritual, y viceversa. Fue un periodo de difícil adaptación entre esos dos mundos, pero el conde me auxiliaba y me decía que algunas de esas mujeres se encontrarían conmigo en mi próxima encarnación y que serían importantes para conformarnos en una comunidad espiritual. Esa energía y esa fuerza perdurarían por muchos siglos y yo estaría listo para recibir tales enseñanzas en el momento apropiado.

Saint Germain me orientaba acerca de cómo debíamos vestirnos en dichas ocasiones, con túnicas largas y coloridas para la meditación; además, nos aconsejaba cerrar los ojos para poder entrar en contacto con nuestro Yo Superior. Él me transmitía todas las enseñanzas y yo debía retransmitirlas. Cuando el conde desaparecía me sentía perdido, pero al mismo tiempo tenía conciencia de que no debía depender de él, sino buscar las respuestas dentro de mí.

En relación con el amor, me sentía muy confuso, pues era capaz de amar a muchas mujeres y a la vez no amar a ninguna. Todavía no mezclaba mi lado seductor con mi lado espiritual, pues necesitaba tener control sobre mis instintos. Saint Germain me decía siempre que no mezclase dichas energías, porque de lo contrario perdería mis poderes. Trataba de no permitir que esto sucediese y hacía un esfuerzo muy grande para no dejarme llevar por ese instinto terrenal.

Continué aprendiendo a vivir en esos dos mundos y Saint Germain me decía:

—Para transformarte en un verdadero instrumento de luz, deberás mantenerte firme, así como tener fe y confianza en tu luz y despertar a la presencia del Yo Soy dentro de ti. Las fuerzas positivas y negativas existen en todas partes en la creación, mientras que las negativas no pueden ser condenadas, porque son el medio con el cual serás llevado a estar cada vez más consciente de tu fuerza. Si das la oportunidad a una fuerza negativa, te involucrarás a cada momento más en ella. Si reconoces instantáneamente cualquier sentimiento o pensamiento negativo, podrás mostrar tu polo positivo; por lo tanto, cuando te sientas perturbado di en voz alta con todas tus fuerzas: «Yo Soy la presencia guardiana que consume todo lo que intenta perturbarme», o también: «Permanezco con Dios y rehúso ser afectado por cualquier apariencia dudosa». Si permites que las influencias negativas te controlen, nadie podrá ayudarte, ni siquiera el Ser Supremo.

Comencé a entender que no podemos ser perfectos en la Tierra y que siempre estaremos sujetos a vivir esa dualidad. Tenemos que aprender a aceptarnos como somos, con nuestras limitaciones, sin culparnos por aquello que hacemos, pues no existe lo correcto o lo equivocado, sino que somos humanos y estamos en la Tierra para aprender. En nuestras vidas intermedias entre el cielo y la Tierra, estaremos en condiciones de saber más acerca de ese mundo sutil que no conocemos cuando nos hallamos en esta vibración terrenal. Esos conocimientos me dejaban más tranquilo, pues sabía que ya había cometido algunos deslices, mas necesitaba aprender a vivir con ello e intentar siempre mejorar mis actitudes y mis pensamientos.

Cuando dejaba la sala secreta e iba a mis aposentos, me sentía tan envuelto por esas vibraciones que tardaba en enfrentar los problemas de la vida diaria, y lo mismo ocurría cuando me involucraba con lo cotidiano y me desligaba de lo espiritual.

El tiempo fue pasando y yo sabía que no podía huir de mis obligaciones, sino que necesitaba ser perseverante, pero no siempre lo conseguía. Un día fui invitado a participar en una fiesta en la corte. Sabía que pasaría por una prueba y que encontraría a todo tipo de personas: las que son fútiles y superficiales, y a mis amigas filósofas, con quienes siempre me reúno para estudiar los astros. Sé que debo prestar atención a todos, de modo que trato de ser simpático y agradable, pero las conversaciones se tornan enfadosas para mí. No logro disimularlo, me da sueño y procuro no juzgar a quienes sólo discuten banalidades; más bien, prefiero discutir las diferencias sociales, incluso al saber que no puedo cambiar el rumbo de los acontecimientos, y ahora que entiendo la ley de la causa y el efecto, tengo conciencia de que los espíritus necesitan nacer en situaciones favorables o no para resolver sus karmas y evolucionar. No puedo conformarme con esa teoría sin hacer nada, sino que necesito cumplir con mi papel.

Aprecio la danza y la música me eleva, de manera que me siento alegre cuando estoy en un ambiente de fiesta. Bailo y me dejo envolver por la música, intentando aprovechar cada momento; absorbo la energía y procuro encaminar la conversación hacia la espiritualidad. Algunas veces lo consigo, pero otras soy ridiculizado por eso.

Mi fama en la corte es la de un hombre que posee muchas mujeres y que siempre se enamora de todas. Sé dentro de mí que no es eso lo que ocurre, sino muchas veces siento un vacío y experimento tener a muchas mujeres y al mismo tiempo a ninguna. Lo que últimamente me da satisfacción es buscar el conocimiento espiritual. No sé cómo estaría ahora si el conde de Saint Germain no hubiese aparecido en mi vida. Tengo una familia e hijos, mas nuestra educación y nuestras costumbres impiden la proximidad con mis hijos, lo cual también me angustia. ¡Cómo me gustaría tener una vida normal, pero todo es muy confuso!

En la corte no puedo hacer lo que quiero, porque son tantos los protocolos que muchas veces mi vida es regida por otras personas y no por mí. Me gustaría tener una vida más simple, sin tantas obligaciones; por otro lado, existen muchas facilidades también, principalmente en lo material, al grado que no necesito hacer grandes esfuerzos. Siempre tengo varios criados a mi alrededor, lo que de alguna forma facilita mi vida. Son situaciones contrarias: facilidades por un lado y dificultades por otro, de manera que no necesito preocuparme por lo material, porque todo es fácil para mí y, a pesar de ello, me siento incompleto.

Comencé a entender que el ser humano está siempre insatisfecho y que tal insatisfacción termina por ser saludable, pues nos hace buscar más conocimiento, que debe ser interno y no externo. Además, me he dado cuenta de que aprendo más con el conde que con los libros, pues él me hace vivir las situaciones y solamente la experiencia nos lleva al verdadero conocimiento. Sé también que todos somos capaces de buscar esa sabiduría interna. Muchas veces queremos las respuestas rápidas para nuestras preguntas y no entendemos que sólo conseguimos aprender con el tiempo, lo cual me deja más calmado y tranquilo. A pesar de todas las insatisfacciones, me siento privilegiado, pues no muchos están en condiciones de saber todo lo que sé. Por ello, debo tener cuidado para no ser mi peor enemigo, lo cual ocurriría si me pasara todo el tiempo castigándome por aquello que hice o que no hice.

Muchos de mis hábitos están ligados a mis orígenes. He investigado más acerca de mi familia. Desciendo de una familia noble de Francia, que es un antiguo país, poblado desde los tiempos prehistóricos. Antes se llamaba Galia y más tarde fue invadida por los celtas; los galos eran inestables, preferían la crianza de animales a la agricultura y fueron atraídos por las facilidades de los intercambios y por la riqueza del suelo. A partir del siglo I, el cristianismo apareció en la Galia y su desarrollo fue lento. La Iglesia católica conoció una profunda renovación en el reinado de Luis XIII, quien era muy bondadoso, y en esa época se fundaron seminarios para la preparación de los sacerdotes. Más tarde, cansado y enfermo, el rey murió en el castillo de Saint-Germain en 1643.

Luis XIV tenía sólo cinco años cuando perdió a su padre y a los veinticuatro fue llamado el Rey Sol. Era dedicado y trabajador, amaba su oficio de rey, le gustaba convivir con las mujeres y consiguió hacer del modesto castillo de su padre —Versalles— el palacio más hermoso del mundo, adonde llevó a grandes artistas para trabajar en su remodelación y ahí organizaba suntuosas fiestas. Más tarde perdió a su hijo, a su hermano y a sus nietos y sólo le quedó un bisnieto de cinco años, el futuro Luis XV. Cuando éste asumió la mayoría de edad, convocó al cardenal Fleury, su antiguo preceptor.

Luis XV es inteligente y pacífico y se vuelve muy popular entre los franceses. El siglo de Luis XV fue una época de intenso movimiento de ideas, en la que las mujeres se interesaban mucho por la filosofía, y el nivel de vida de los franceses mejoró durante el reinado: los campesinos compran tierras, mientras que la industria y el comercio se desarrollan. Pero después empezó la guerra con Inglaterra y Luis XV fue herido en Versalles; a partir de ahí todo comenzó a ir pésimo y en 1774, a los sesenta y cuatro de edad, murió Luis XV y subió al trono su nieto, Luis XVI.

Yo, Luis, soy descendiente de reyes y vivo en la abundancia y prosperidad de la corte de Luis XV; a ello debo mi tendencia a los excesos en amores, comida y bebida. Viví en un periodo muy turbulento —en ese reinado no había muchas guerras, pero sí bastantes periodos inciertos y violentos. Había una dualidad en el reinado de Luis XV: largos periodos de paz, de fiestas y lujuria, y otros periodos confusos de intriga en la corte, donde no se podía confiar en las personas.

Esa época fue muy incierta y las enseñanzas del conde de Saint Germain me ayudaron mucho.

Así pasó algún tiempo hasta que llegó el momento de mi muerte. Me metieron en cama con una enfermedad infecciosa, cuya causa nadie pudo descubrir. Sentía grandes dolores en el cuerpo y mis hijos estaban a mi lado. En el momento de mi tránsito, agradecí a Saint

Germain todas sus enseñanzas; estaba tranquilo en espera del desenlace. Me despedí de mis hijos y les pedí perdón por no haber sido un buen padre; a la vez, intenté perdonar a quienes me perjudicaron y que sólo se interesaban por mi poder.

Saint Germain se aproximó y me informó que había llegado el momento de realizar un viaje más, esta vez sin retorno. Sentí que mi espíritu salía lentamente de mi cuerpo físico y vi el hilo energético que el conde me había mostrado en nuestros viajes astrales: era un cordón de plata —que ataba mi espíritu a mi cuerpo— que se iba disolviendo despacio. Fue una agradable y maravillosa sensación de desprendimiento. Percibí que ya no estaba ligado a la materia y seguí volando en el espacio. Sonreía mientras las personas lloraban alrededor de mi cuerpo inerte.

VIDA INTERMEDIA: LUIS

La muerte no existe, sino la vida eterna

En mi final terrenal fui envuelto por mucha luz. El conde y otros espíritus me acompañaban astralmente. Un ángel me llevó al reino del reposo. Los amigos que vivieron conmigo en la Tierra y también mis familiares acudieron a recibirme. Después de algún tiempo se me presentó un mensajero del Consejo Kármico, quien me condujo a una construcción enorme, con grandes portones abiertos. Muchas almas se encuentran ahí para presentarse en ese templo: son conducidas por ángeles y yo estoy entre ellas. Hay un corredor enorme y al final varias puertas, que representan a cada país. Fuimos encaminados a una de esas puertas, que corresponde al país donde nuestra alma encarnó la última vez. Algunas almas sienten mucha aflicción, porque no saben lo que les espera.

Con todo, yo me siento tranquilo y soy instruido por un maestro que me prepara para ese momento, quien me dice:

—La mayoría de esas almas que están aquí pueden haber construido un buen o un mal karma en la encarnación anterior y habrá un «juicio», en el cual cada una sabrá qué lección deberá aprender en el Plano Cósmico en función de sus realizaciones en la Tierra. Esa sentencia jamás será un castigo, sino un aprendizaje. Un hermano espiritual llevará al alma a un lugar donde será enseñada a mejorar su vibración.

«En ese momento, es muy importante rezar a los "muertos". Las plegarias de los que están en la Tierra ejercen un efecto muy positivo en esas almas, por lo cual es importante que quienes se quedan recen por los que se van. Muchas almas sienten miedo cuando están ante ese tribunal de justicia, y dicho miedo proviene del remordimiento que irá a determinar la sentencia de cada uno; por lo tanto, nadie lo juzgará. Su juez será su propia censura interior, su conciencia. El purgatorio de la Iglesia católica es un periodo no de castigo, sino de depuración consciente de los errores acumulados, y sólo cuando esa alma haya transformado sus vicios y hábitos negativos en dicha vida intermedia, le será concedida la oportunidad de encarnar nuevamente para "resolver" sus karmas mediante los desafíos del cuerpo humano. El Consejo Kármico aprobará o no dicha reencarnación.»

Yo me sentía cada vez más tranquilo, mientras el maestro continuaba:

—Algunas almas se quedan durante mucho tiempo atadas a la Tierra y no logran subir a esa esfera más sutil; son espíritus muy individualistas que cargan con un fuerte amor u odio por las personas y los objetos que dejaron en la Tierra. Esos espíritus sólo retardan su evolución, pero no ganarán nada al perturbar a los humanos. Tienen dificultad para admitir que ya no pertenecen al mundo material y por aferrarse a las personas que más odiaban se transforman en «vampiros», quitando la vitalidad a los que están en el plano terrenal. Después de un tiempo, esas almas serán retiradas de la atmósfera por las oraciones de los humanos, mientras que otras se quedan en el valle de los adormecidos: son aquellos espíritus que no creen en la vida después de la muerte, o que están muy cansados y prefieren permanecer en el olvido por un determinado tiempo, o son los que sufrieron una muerte violenta o que fueron víctimas de guerras o de catástrofes. Esas almas reposan en blandas camas perfumadas de rosas y cuando despiertan permanecen junto a sus seres queridos; más tarde, son conducidas al Consejo Kármico; sin embargo, algunas se niegan a despertar, y por eso son retiradas con amor.

«Es necesario que el alma retorne al plano terrenal hasta que consiga ser maestra de su vida, así como de sus pensamientos, sentimientos, palabras y acciones, y que se libere de sentimientos negativos como el odio y los apegos materiales. Sólo entonces esas almas conseguirán el ascenso y retornarán para siempre a su lugar; por lo tanto, si hacemos lo mejor, según nuestra conciencia, seremos ayudados en nuestra evolución. Millones de seres humanos pasan por el portal de la muerte y millares de almas se estacionan por miedo al "juicio", mas debemos recordar que la muerte no existe, sino la vida eterna.»

Quedé absorto por esas reflexiones y en ese momento entendí que la reencarnación es la única y verdadera explicación para innumerables injusticias aparentes. Cuando veo que las personas malas parecen ser valoradas, mientras otras que sólo practican el bien pasan por grandes sufrimientos, entiendo que no existe la injusticia, sino el merecimiento, y que atraemos exactamente aquello que merecemos. Sé también que si quiero neutralizar mis desafectos, debo prestar servicio a aquellos a quienes un día perjudiqué, para quedar libre de mis culpas. Cuando nos relacionamos bien con una persona es porque ya vivimos con ella, en otras encarnaciones, un vínculo de afecto y de amor. Mientras yo reflexionaba, el maestro captaba mis pensamientos y me dijo:

—Mi querido hermano de Francia, ¿te acuerdas de cuando estabas en el plano terrenal y siempre te cuestionabas por qué sentías aversión por algunas personas, mientras que por otras sentías un gran cariño y afinidad? Ahora entiendes que esto provenía de desavenencias del pasado, o por haber vivido experiencias positivas con esas almas en otras vidas. Por eso necesitamos perdonar a todos. Jesús dijo sabiamente: «Perdonaos los unos a los otros». Recuerda que en tu vida terrenal, Saint Germain te enseñó a practicar la meditación del perdón.

La mayoría de las personas cargan en su interior sentimientos de amargura o culpa por situaciones que ocurrieron en el pasado, y muchas de ellas desean sinceramente liberarse de las limitaciones que atan a sus espíritus y que impiden su evolución.

Ahora se dirigió a todos los otros y dijo:

—Voy a ayudarlos a trabajar el perdón; envíen amor y misericordia a todos aquellos a quienes hicieron mal y a las personas que los perjudicaron, y confíen esas situaciones a las manos de Dios.

MEDITACIÓN DEL PERDÓN

Visualice una luz que viene de su Yo Superior y que desciende hasta su corazón, y centre su atención en su centro. Imagine el brillo del sol de mediodía y transfiera esa imagen al centro de su pecho, donde se localiza el chakra del corazón.

Visualice ahora millares de rayos de sol que disuelven las amarguras, las rabias, las tristezas y angustias. Cuando se sienta ligero y en paz, emita a su vez esos rayos de sol, que salen de su corazón hacia todo el universo, y repita en varias ocasiones:

«La luz y la energía del sol invaden mi cuerpo, a la vez que me dan la oportunidad de ayudar a otras personas; mi corazón podrá transmitir la energía del sol para curar, perdonar e iluminar a otras personas».

Ahora que usted ya se purificó con la energía del sol, cierre los ojos e imagine que frente a usted está la persona a quien guarda resentimiento, y dígale mentalmente todo lo que desee. No elija las palabras, sino sólo exprese sus sentimientos más profundos. Después, cambie de lugar con esa persona y escuche lo que ella tiene que decir. Tal vez ella también sienta enojo y coraje, mas no importa.

Escuche con atención y diga mentalmente: «Yo te perdono y tú me perdonas, pues tú y yo somos uno solo delante de Dios».

Si siente culpa respecto a algún comportamiento del pasado o por haber perjudicado a alguien, realice el autoperdón: «Yo me perdono y

106

me amo... ¡Perdono todo y a todos! Me reconcilio conmigo mismo y con toda la humanidad».

Todo eso parece simple y fácil, pero no basta con hacer el ejercicio del perdón sólo racionalmente, sino que usted debe procurar sentir que esa persona no le molesta más. Cuando se siente mal con alguien, se establece de inmediato una relación negativa con el otro. Si desea liberarse de esa persona, haga el ejercicio del perdón cuantas veces sea necesario; sin embargo, es importante aclarar que no debe forzar la situación. Haga el ejercicio cuando sienta que está en paz consigo mismo y que tiene el deseo genuino de obtener esa liberación.

Siembre en su corazón la semilla del amor verdadero, pues todos esperan que las personas sean delicadas, amables y pacientes. Si usted desea que otros se porten bien con usted, comience por portarse bien con ellos. Para conseguir afecto y confianza, será preciso invocarlos; el secreto del éxito y de la felicidad es manifestar aquello que se desea conseguir. Por ejemplo, si quiere sonrisas, comience a sonreír.

Y no olvide que sólo se cosechan los frutos correspondientes a las semillas que se han sembrado.

Enseguida recordé que en mi vida practiqué innumerables veces la meditación del perdón, por lo cual me siento tranquilo; esa limpieza es muy importante: mientras uno no sepa perdonar, no será perdonado.

Me sentí preparado para presentarme ante el Consejo Kármico; fui conducido por muchos seres de luz a la entrada de un magnífico palacio, donde dos hombres vestidos con ropas blancas como la nieve acudieron a recibirnos. Uno de ellos dijo:

—Querido hermano, estamos esperándote con mucho amor. Ven.

Fui llevado hacia donde se encontraba un hombre sentado, cuyo semblante irradiaba paz y armonía. Sentí que él tenía el poder de resolver todas las situaciones. El interior de ese palacio estaba hecho de material imperecedero, de color blanco lechoso, con suaves tonalidades de oro, violeta, verde y azul.

Ese hombre, me dijeron, era un maestro ascendido, quien había vivido en un cuerpo físico en la Tierra y, después de muchas encarnaciones, había conseguido liberarse de la frecuencia energética de nuestro planeta y estaba en un plano más sutil, donde su espíritu no tenía más necesidad de reencarnar en la dimensión terrenal. Emanaba paz y luz y a su alrededor había una aureola, tal como son retratados los santos, y a su lado había siete maestros, que totalizaban ocho. Me di cuenta de que estaba delante del Consejo Kármico.

Frente a nosotros apareció una tela blanca, en la cual pude ver escenas de la corte donde viví: aparecían personas que yo conocía, que vivieron conmigo, algunos como mis sirvientes, otros nobles como yo, las mujeres de las que me había enamorado, mis hijos, mis amigos y enemigos…

A continuación fue pasando una película de todo lo que ocurrió durante mi vida en Francia. Al volver a ver todas las situaciones me sentí un poco avergonzado, principalmente al inicio de mi vida, cuando todavía era un joven inexperto y tenía muchas relaciones con mujeres. Mi mayor placer era beber, comer y estar con ellas. Uno de los maestros, al percibir lo que yo sentía, me calmó diciendo que no hiciese juicios, pues ahí nadie juzgaba a nadie. Entendí que mi espíritu debía concientizarse de que había adquirido algunos vicios que se quedaron impregnados y, si no tuviese conciencia de ellos, sería difícil eliminarlos. Ese pasaje por la Tierra había sido una prueba.

Viví en una época en la cual predominaba la lujuria y no fui lo único que tuve que combatir, sino que la espiritualidad me ayudó a transformar mi vibración en el transcurso de mi vida terrena, principalmente en los años que antecedieron a mi muerte. Por esa razón fue muy importante el tiempo en que permanecí en cama sin poder moverme y mi espíritu salía en busca de orientación; era el tiempo necesario para hacer una reflexión mientras estuviese encarnado en la Tierra.

Las escenas fueron sustituidas rápidamente por otras en las que yo era muy bondadoso con las personas más humildes, distribuía ropa entre los pobres y alimentaba a los necesitados. Era claro que yo podría haber sido más benevolente, y sentí culpa por eso.

Después tocó el turno a las mujeres que tuve: algunas me llevaron sólo a los placeres de la carne y otras me respetaron espiritualmente; era como si yo buscara en cada una de ellas el gran amor de mi vida.

Yo estaba muy insatisfecho y no lograba entregarme verdaderamente al amor; me sentí frustrado e infeliz, pues tenía todo y al mismo tiempo no tenía nada. Aprendí que en esa vida no supe valorar lo que recibí gratuitamente, y desperdicié una parte de mi existencia en busca de los placeres terrenales; al final de la vida practiqué actos positivos que compensaron el pasado.

Los maestros me explicaron cómo podría cambiar esa energía: elegir nacer en mi próxima encarnación en una familia con menos posesiones materiales para aprender a valorar el dinero por medio del trabajo. La elección sería mía y lo ideal consistiría en aprovechar mi existencia siguiente para resolver varios karmas de una vez. Debería esforzarme por transmitir todos los conocimientos adquiridos en mis múltiples encarnaciones.

Sería una vida dedicada al prójimo, de aprendizaje en relación con el dinero y los bienes materiales. No podría negar una cosa ni otra, sino que debería aprender a sustentarme materialmente por medio de mi trabajo, aun cuando fuese de índole espiritual. Debía aprender el equilibrio entre la materia y el espíritu, pues en mi vida anterior como la gitana Dorotea, yo no valoraba los bienes materiales y era explotada por las personas que consultaban conmigo. La riqueza no es más importante, pero ese equilibrio es necesario. Ella me enseñó que en la Tierra se vive en una dimensión en la cual el dinero es un medio de intercambio. Tenemos que comer, pagar las cuentas y eso yo todavía no lo había aprendido en mis otras vidas.

En la dimensión en la que me encuentro ahora, después de mi muerte física, no hay necesidad de tal intercambio. Mi próxima vida será en un país nuevo, sin guerras, para que pueda absorber más energía pura y despertar mi sabiduría interna. Ese país tendrá un karma tanto con el dinero como con el poder, y por eso tendré que encarnar en él para aprender por medio de esas dificultades.

Me sentía cada vez más tranquilo al constatar que tenemos otras oportunidades mediante las reencarnaciones para reparar nuestros errores. Con el Consejo Kármico elegimos el país y la familia que posibilitarán esos aprendizajes; tales condiciones familiares y energéticas nos ayudarán en nuestro perfeccionamiento por medio de la espiritualidad. Algunas religiones facilitan o retardan el desarrollo de nuestra alma, a la vez que muchas religiones generaron otras paralelas que fueron mal interpretadas por sus seguidores, y enseñan sólo una pequeña parte de sus conocimientos, pero dejan los asuntos complejos para estudiantes más dedicados. El esoterismo estudia las enseñanzas religiosas de una manera más simple y fácil de entender para el pueblo.

Las escuelas de religión del mundo son varias: judaísmo, budismo, cristianismo, hinduismo, confucionismo, islamismo, taoísmo y otras. Las almas encarnan en familias de distintas religiones para ser preparadas y aprender las diferentes cualidades de la mente divina, reencarnación tras reencarnación.

¿De qué otra manera podría aprender tanto en sólo una vida en la Tierra? Reflexiono que el corazón es el centro de nuestra espiritualidad. En su interior existe una cámara central, envuelta en luz y protección, llamada intervalo cósmico, separada de la materia y nunca podrá ser encontrada por la ciencia. Esa cámara secreta, dentro de nuestro corazón, abriga la sabiduría; por ello, debemos abrir nuestro corazón para hacer surgir esas enseñanzas que fueron impregnadas en nuestra alma.

Con Saint Germain aprendí que la energía de la llama violeta es muy poderosa y solamente será revelada a la Tierra en el siglo XX, pues los humanos todavía no están preparados para recibirla; además, transmutará todos los errores del pasado.

¿Cómo llegará esa energía a los humanos? Sólo en la próxima encarnación estaré en condiciones de descubrir por mí mismo cómo encontrar la llama violeta. Reencarnaré al principio de la Era de Acuario, un periodo con gran apertura espiritual, y quien esté en empatía conseguirá captar el mensaje de los maestros; asimismo, Saint Germain me orientará desde lo Alto, en espíritu.

Fui encaminado hacia mis aposentos y percibí que el lugar estaba muy limpio y en orden, a la vez que era muy hermoso, con una cama enorme donde yo reposaría.

Después de un tiempo, Saint Germain vino a mi encuentro y me llevó a una sala circular, decorada en tonos suaves. En el centro de la habitación había una enorme mesa de cristal rosa, rodeada por doce sillas, donde fui presentado a un hombre alto y apuesto que estaba al lado de una ventana. Nos saludó en una forma que yo nunca había visto antes. Más tarde supe que él era un maestro ascendido y que había logrado su ascensión hacía 500 años. Sus ojos brillaban e irradiaban bondad y una sabiduría que parecía tan vieja como la eternidad.

—Mi querido amigo, esta noche te presentaré a tu instructor, que sustituirá a Saint Germain, quien se ausentará por algún tiempo, y como ya adquirió el dominio de viajar en el espacio, puede estar en varios lugares al mismo tiempo. Tiene una misión importante que cumplir en la Tierra: intentará disuadir a los revolucionarios de su ideal de llevar a cabo la Revolución francesa. Creemos que ésa es una misión casi imposible y sabemos que la humanidad está atada al poder y al lujo, incluso así Saint Germain regresará a la Tierra con el objetivo de minimizar el sufrimiento de muchos.

El conde me abrazó con cariño y me pidió que no me preocupase: antes de partir me transmitiría los secretos de la llama violeta y yo sería orientado por un maestro ascendido. Inmediatamente, otros entraron a la sala: eran hombres y mujeres vestidos con túnicas blancas, leves y flotantes. «Estaré acompañado por seres de mucha luz y ese periodo será muy importante para la evolución de mi espíritu», pensé feliz. Un hermano de luz inició las instrucciones respecto de los cambios que ocurrirían en el planeta en los próximos siglos.

Cada uno de los que ahí estaba era Jefe de Consejo de un país. Una enorme tela blanca mostraba escenas vivas de lo que sucederá en la Tierra en el cambio de milenio. Uno de ellos comenzó las explicaciones, diciendo:

—En el año 2000 d.C., el mayor problema será enfrentar la fuerza siniestra que impedirá la evolución de la humanidad. Es necesario reconocer y manifestar la perfección de Dios dentro del ser humano.

En ese momento apareció la fuerza ilimitada de la luz del Cristo Cósmico, que combatía contra las tinieblas.

Otro maestro se dirigió a mí y me dijo:

—Mi querido hermano, levanto mi mano y te bendigo; esta bendición quedará grabada para siempre en tu espíritu. En tu próxima encarnación en la Tierra, ella te acompañará y en determinado momento, cuando te liberes de tus karmas, despertarás a todos esos conocimientos y todo cambiará en tu vida. Grábate bien mis palabras: cuando el planeta Saturno esté en el signo de Géminis en la Era de Acuario, será un periodo muy importante para tu evolución, tu patrón energético será modificado y deberás tener mucha fuerza de voluntad para no repetirlo.

«Traes contigo muchos conocimientos de otras vidas; desafortunadamente, en tu última encarnación en Francia tu espíritu se acostumbró al lujo y a la riqueza, sin cumplir totalmente su misión. Tu próxima encarnación será de dedicación total a tu misión; además, tendrás que aprender a equilibrar lo material y lo espiritual. Las personas a tu alrededor no entenderán por qué te dedicarás tanto a tu trabajo, pero tendrás la oportunidad de compensar la ociosidad de tu última existencia en la Tierra.»

Me dio tristeza haber perdido parte de mi vida en la última encarnación y prometí no repetir esa tendencia en la siguiente. Todos los maestros se sentaron y continuamos nuestras presentaciones: todo era muy blanco, rosa, azul y dorado, con muchos cortinajes, y yo me sentí en mi palacio en Francia. La diferencia estaba en la belleza y la ligereza del ambiente, donde las energías eran más sutiles que en la Tierra, y yo sentí que flotaba en el espacio. Viví un glorioso sentimiento de paz, felicidad y bienaventuranza. Se apagó toda idea de tiempo-espacio y la vibración interna se amalgamó con la externa. Recibí de las manos de un espíritu de mucha luz una taza con un líquido dorado para nutrir mi alma. De repente, con la rapidez de un relámpago, un círculo de luz blanca me envolvió, se expandió y sentí la paz más perfecta.

Nos dirigimos al comedor y nos sentamos a una mesa enorme, donde una joven, llamada Dafne, tocaba música suave. Ella parecía un ángel, de tan sencilla y pura, nos saludó con amor y continuó tocando su arpa, transformando todo el ambiente en una vibración radiante: mi sensación era la de estar realmente en un pedacito de cielo. Hicimos una meditación y oramos para que nuestra divina presencia Yo Soy nos iluminase.

Permanecimos algún tiempo en ese ambiente que invitaba a la meditación, la paz y la armonía; me sentí en un tenue manto de luz y un perfume de rosas llenó el aposento durante todo el tiempo.

Uno de los maestros me dijo que ese aroma me acompañaría siempre que estuviera en armonía con mi esencia divina. Al sentirme tan bien en ese lugar, recordé la energía densa y pesada de la Tierra y deseé nunca volver a encarnar en un cuerpo físico. Sentí que sería muy difícil regresar al planeta de donde vine. Aquí todo es mucho más ligero, más hermoso y no parecen existir conflictos.

«¡Quiero permanecer en este lugar para siempre!», pensé.

En el centro de la sala, en el suelo, veo un gran círculo que rodea a un maravilloso Zodiaco. Alrededor de él hay doce enormes almohadones blandos para doce personas —yo era una de ellas. Cada signo del Zodiaco pertenece a varios países o continentes en la Tierra. Me colocaron delante del signo de Piscis, que representa a Portugal, y me dijeron que este país tendrá una misión importante en el próximo milenio —una misión de curación del cuerpo y la mente. También me dijeron que encarnaría en un país nuevo llamado Brasil, donde tendré contacto con todas las religiones y la oportunidad de llevar a Europa la energía espiritual que estará adormecida, comenzando por Portugal. En verdad, yo y muchos otros hermanos de Brasil y de otros países ayudaremos a despertar esa energía de curación en el pueblo portugués. Mi próxima encarnación será en el cuerpo de una mujer, y mi espíritu pasará por muchas fases hasta llegar a un estadio más sutil de cuerpo y alma.

En esa próxima vida encontraré a mi alma gemela, que estará encarnada en el cuerpo de un hombre, y dicho vínculo me llevará a ese despertar de la conciencia.

En ese momento entró sutilmente Dafne, la joven que tocaba el arpa. Sentí una emoción distinta al verla: de inmediato reconocí la energía de mi alma gemela. Nos tocamos suavemente y sentí que una luz nos envolvía: era una nube rosa, pura y cristalina. Me acordé de ella en Francia; había desencarnado muy joven, pues tenía apenas dieciocho años; también tocaba el arpa en nuestras reuniones espirituales y en esa época sentí un cariño especial por ella. Tuvimos una rápida relación afectiva y ella tuvo a una hija mía —era lo que se decía en la corte— llamada Sofía.

Dafne murió en el parto. En su momento sentí culpa y procuré dar asistencia a nuestra hija, pero tuve miedo a acercarme y ser mal interpretado, así que me mantuve apartado a pesar de sentir un profundo deseo de protegerla. Por ser su madre muy joven y pura, no me sentía merecedor de tenerla a mi lado y entonces la ignoraba. Sofía desapareció y más tarde supe que había muerto también. Me entristecí mucho por ello y traté de no pensar más en el fallecimiento.

Uno de los Maestros, al percibir mis conflictos, expresó:

—En la Nueva Era, la verdad relativa a las Llamas Gemelas deberá ser comprendida y utilizadas su poderosa fuerza y sabiduría. Cada Llama Gemela deberá estar consciente y comprender cómo purificar, perfeccionar e iluminar toda la creación humana que esté a su alrededor. Solamente cuando los dos rayos hayan conseguido su ascensión se hallarán en el mismo estado de pureza, libertad y dominio personal. Sólo a partir de ahí serán ambas capaces de actuar en los planos cósmicos; ustedes dos, mis queridos hermanos, lo saben desde hace mucho tiempo y esperan pacientemente ese divino momento.

El Maestro levantó las manos sobre nosotros, nos bendijo, y su voz melodiosa profirió el supremo decreto de amor perpetuo de nuestra unión:

—Bajo el comando de la poderosa presencia Yo Soy, estoy aquí para unir a estos dos rayos de eterna llama de la vida en supremo amor, luz y perfección.

Cuando el maestro pronunció estas palabras, nos envolvió un haz de luz y la poderosa llama de nuestros rayos gemelos registró su sello eterno sobre nuestro camino cósmico de vida. Entonces el maestro pidió que nos colocásemos uno delante del otro para realizar el ritual de las almas gemelas y dijo:

—Sientan que sus espíritus se unen en uno solo y, mirándose a los ojos, digan en voz alta:

Yo Soy tus ojos
Yo Soy tu corazón
Yo Soy tu mente
Yo Soy tu cuerpo
Y estoy presente en cada célula de tu ser
Tú y yo somos Uno
Yo estoy en ti y tú estás en mí
Tú y yo somos Uno
Tú y Yo somos cuerpo, alma y espíritu
Entrégame tu Amor, Yo lo recibiré
Envuélveme en tus brazos, Yo te acogeré.

En ese momento estuvimos plenamente conscientes de nosotros como parte de esa presencia única y mágica.

Mi alma gemela y yo en la Tierra

Brasil, 25 de marzo de 1968: conocí a Lucas, mi alma gemela, una bella tarde llena de sol. Habíamos concertado un encuentro; no lo conocía personalmente, sino sólo a distancia. Yo era muy joven y él también. Sentí que me paralizaba cuando él bajó de su auto frente a mi casa y me apretó la mano. Un escalofrío recorrió mi cuerpo y me di cuenta de que estaba ante el gran amor de mi vida. Siempre fui muy enamoradiza antes de conocerlo, mas aquel momento fue el inicio de un gran cambio en mi vida. Después de algunos días, Lucas me invitó al cine, donde pasaban una hermosa película y él me dijo:

—Creo que te gustará. Se llama *Love Story*, es una historia de amor.

Acepté de inmediato y al día siguiente fuimos a la sala cinematográfica.

Yo estaba muy emocionada y no sabía qué decir. La película era muy bonita y contaba la historia de una pareja perdidamente enamorada (era amor más que pasión). Después de un tiempo de estar juntos, ella enfermó y murió de leucemia —sentí el dolor de esa separación en mí y lloré a mares al ver la película. Lucas percibió mi estado y apretó mis manos con fuerza, consolándome. Me sentí avergonzada y confusa: ¿qué pensaría de mí? Lo conocía hacía poco tiempo…

En el camino de regreso, sentí temor de que él no me invitase para nuevos encuentros, pero yo no quería perder la oportunidad de volver a ver a Lucas. «¿Le habré gustado —pensé—, o me considera boba e infantil? ¿Qué debo hacer?» Me aterrorizaba la posibilidad de no verlo más. En determinado momento, nuestras miradas se cruzaron y la profundidad que había en sus ojos me hizo perder el aliento; él tocó suavemente mis cabellos y yo me estremecí con su tacto.

Lucas era muy simpático y educado, por lo cual no conseguía darme cuenta de cuál era su intención. ¿Me trata bien por educación o siente algo especial por mí? Mi sensibilidad me decía que él también estaba emocionado, sus manos temblaban y sus ojos me revelaban una fuerza que yo desconocía; respiré profundamente y sentí que algo muy poderoso ocurría entre nosotros. Cuando nos despedimos, Lucas apretó mis manos y se me declaró. Agradecí a Dios por no estar engañada. ¡Aquel fue el día más lindo de mi vida!

Me enamoré de Lucas desde el momento en que lo vi y nos encontramos diariamente durante cinco años. Era un amor muy bello, que causaba la envidia de los demás. Cuando estábamos juntos, no había tiempo ni espacio, ni lográbamos ver lo que acontecía a nuestro alrededor.

Con el tiempo, esa relación se volvió muy desgastante; teníamos otros compromisos y no podíamos estar juntos todo el tiempo. Cada despedida era angustiante. Estábamos tan enamorados que sentíamos miedo a separarnos, a perdernos mutuamente. Nuestras familias se conocieron, en un tiempo muy feliz y repleto de emociones. Sentía mucho miedo de perder a Lucas, pues dentro de mí sabía que jamás lo olvidaría. Recuerdo que antes de conocerlo había hecho una promesa a Nuestra Señora, a quien le pedí que trajese un gran amor a mi vida y casi enseguida, tres días después, conocí a Lucas. No podía ser coincidencia: si yo había conocido a otros muchachos, ¿por qué Lucas me provocó esa emoción tan fuerte?

Planeábamos casarnos, pero algo me decía que eso jamás sucedería. Sabía en mi interior que no estaríamos juntos; vivía un poco tensa, tenía miedo a perderlo; nuestra relación marchaba muy bien, estábamos enamorados y nos jurábamos amor eterno, mas no entendía el porqué de nuestras inseguridades.

Lucas también tenía miedo de perderme, pero incluso así, hacíamos planes para el futuro. Durante cinco años vivimos un amor lleno de altibajos y éramos muy felices cuando estábamos juntos. A pesar de esa felicidad, yo vivía siempre angustiada y ansiosa, y estos sentimientos contradictorios me perturbaban. Él se sentía presionado por mis celos e inseguridades, pues yo no lograba sentirme en paz cuando estaba lejos de él; esa situación se volvió sofocante y cuando decidimos casarnos resolví trabajar fuera y él me presentó a su profesor de facultad, quien tenía una empresa. Fui a trabajar a la oficina de Marco Antonio y después de cinco años enamorando a Lucas, percibí el interés de Marco Antonio por mí, lo cual me hizo sentir halagada.

Los comentarios decían que él se había separado recientemente de su mujer, con quien tenía dos hijos pequeños. Él mostraba cariño por mí y yo me sentía atraída por el poder que él ejercía. Era un hombre maduro, inteligente y muy reputado profesionalmente; yo me sentía fascinada con él. Después de algunos meses rompí mi relación con Lucas, acepté a Marco Antonio y me fui a vivir con él. Todo ocurrió rápidamente y cuando me di cuenta estaba cuidando a sus dos hijos, que llegaron a vivir con nosotros. Mi vida cambió repentinamente. Supe que Lucas sufrió mucho, pero no hizo nada para evitar nuestra separación, pues era muy orgulloso y se sentía traicionado. Yo tampoco lograba entender cómo había tenido el valor de tomar esa decisión tan drástica; si amaba mucho a Lucas, ¿qué me hizo actuar tan impulsivamente? Sólo sabía que no aguantaba ya vivir en una angustia constante y con el miedo a perderlo.

Después de nuestra separación sentí paz, a pesar de la nostalgia y la tristeza de saber que él había quedado muy lastimado. Intenté no pensar más en Lucas, pero siempre soñaba con él. En mis sueños, él volvía a mí. No quería pensar en eso, me sentía en paz sin los conflictos anteriores y era feliz. Con Marco Antonio tuve dos hijos: Michel y Ana Lucía, además de los dos que ya vivían con nosotros: Felipe y Ana Carolina. Después de ese cambio en mi vida, perdí totalmente el contacto con Lucas durante 10 años y en ese tiempo no supe nada más de él.

Me separé de Lucas en 1972 para casarme con Marco Antonio. Hoy entiendo que repetimos la vida de Dorotea, porque ésa había sido nuestra elección espiritual: necesitaba resolver mis karmas con Marco Antonio, y Lucas con su actual mujer.

16 de junio de 1982: volví a encontrar a Lucas y todo el amor que sentía por él volvió a la superficie; casi enloquecí, pues tenía una vida estable y feliz con mis hijos, con Marco Antonio y los hijos de su matrimonio anterior. Intenté olvidar a Lucas, mas parecía una obsesión: no lograba dejar de soñar con él; al despertar recordaba su bella sonrisa, sus ojos y sus cabellos negros. ¿Dónde estará Lucas? ¿Por qué me separé de él? Finalmente, ¿qué estoy haciendo aquí? ¿Por qué me fui con Marco Antonio y dejé a Lucas? ¿Por qué me desvié de mi camino? Mi desesperación era tanta que no podía pensar en otra cosa: Lucas de mañana, tarde, noche, madrugada, siempre Lucas en todos los momentos de mi vida. No podía ver a un hombre parecido a él, porque de inmediato sentía que mi corazón latía fuertemente. No dejé de pensar en él un solo día de mi vida. Vivía atormentada y no podía relacionarme ya con Marco Antonio. El sufrimiento se apoderó de mí. Cuando podía, hablaba por teléfono con Lucas y quedaba tan impactada en esa situación, que me cuestionaba si conseguiría vivir sin él.

Sin embargo, algunos factores externos impedían nuestro acercamiento, porque él vivía un momento distinto del mío: había estado casado durante cuatro años y no tenía hijos, y yo estaba en el auge del conflicto de mi vida personal. Pasé por profundos sufrimientos y mi paz interior desapareció después de nuestro encuentro casual. Buscaba desesperadamente respuestas a mis problemas y recurrí a todas las terapias, incluso la espiritual. A partir de ahí comencé a desarrollar mi trabajo como astróloga y terapeuta de vidas pasadas, intentando primero entender mis conflictos, para después ayudar a otras personas. Procuré analizar esos vínculos y profundicé en los estudios sobre las almas gemelas en una época en que el asunto era un tabú: él fue el instrumento para mi evolución, nuestro encuentro en la Tierra aceleró ese crecimiento.

Lucas volvió a casarse algunos años antes de mi separación de Marco Antonio; pero una vez más el destino nos distanció sin que pudiésemos hacer nada para evitarlo. Él tuvo dos hijas y todas mis esperanzas cayeron por tierra. Sufrí mucho y me sentí extremadamente sola. Continué con mi trabajo como astróloga y terapeuta, mas no lograba vivir en paz conmigo misma. Mi búsqueda espiritual me ayudaba en ese periodo tan difícil de mi vida. Me fui desarrollando, tratando siempre de encontrar respuestas a mis preguntas. La astrología kármica y la regresión me ayudaron en mis cuestionamientos, pero yo necesitaba ir más allá, tenía que saber cómo arrancarme de adentro tantas angustias y tristezas. Ya había comprendido el karma y ahora precisaba urgentemente trascenderlo, pero no sabía cómo.

Hoy sé que la actual esposa de Lucas fue Bernadete en mi vida como la gitana Dorotea y quien me traicionó provocando mi muerte, y que Marco Antonio es Antonio Jorge, el responsable de mi encarcelamiento.

SAINT GERMAIN EN MI VIDA

1985: necesitaba encontrar una salida a todo ese conflicto. Después de mi reencuentro con Lucas, buscaba explicaciones por experimentar tanto sufrimiento y cuestionaba el motivo de esos cambios tan profundos en mi vida. Si siempre amé a Lucas, ¿por qué lo dejé por Marco Antonio? Y después, si estaba bien con Marco Antonio, ¿por qué quería volver con Lucas? Casi enloquecí con tantas preguntas sin respuesta, hasta que cierto día, al analizar mi mapa astral junto con el de Lucas, tuve algunas visiones de nuestras encarnaciones pasadas y entendí el por qué de esas transformaciones. Comencé a realizar la terapia de vidas pasadas en 1982, y a partir de ese año ya no me detuve. Mi búsqueda ha sido eterna.

Mediante la filosofía hindú, entendí el verdadero significado de la reencarnación, aunque ya había estudiado el espiritismo de joven. Leí todos los libros que aparecían delante de mí, a la vez que fui aprendiendo a meditar y a buscar las respuestas en mi interior. Después profundicé en la ley del karma y comprendí que todo lo que sembramos cosechamos, pero necesitaba saber lo que debía hacer para eliminarlo; por medio de mi trabajo con las personas que me buscaban, sentía que el karma se transformaba en un círculo vicioso y que si no hacemos algo, nuestro espíritu pasaría muchas vidas atrayendo y repitiendo las mismas situaciones. Deberíamos tener conciencia de nuestro karma para poder transmutarlo.

Comprobaba esa teoría con el mapa astral kármico y las regresiones, hasta que un día llegó a mis manos un grabado de un fuego que tenía una llama de color violeta. Ese grabado me llamó la atención, pues era muy hermoso y no conseguía apartar los ojos de aquel cuadro que había mandado enmarcar. ¿Qué era aquello? Busqué libros para obtener alguna explicación y así encontré uno acerca de Saint Germain: *Estudios sobre alquimia*; a partir de ahí muchos otros libros llegaron a mis manos, los cuales enseñaban la transmutación del karma por medio de la llama violeta: una energía que era enviada a la Tierra para ayudar en dicha transmutación.

Durante muchos días practiqué algunos ejercicios: mentalizaba que quemaba todo mi pasado, de ésta y de otras vidas, en una enorme hoguera de color violeta. Enseguida encontré un libro de Yogananda: *Autobiografía de un yogui,* donde él enseñaba a quemar el dibujo del mapa astral, que lanzaba al fuego para que nuestros karmas ardieran, a la vez con mucha fe: «Las semillas del karma pasado no pueden germinar cuando son quemadas por el fuego de la sabiduría divina». Así lo hice y logré mejoría: me sentí más calmada y tranquila.

Por mucho tiempo reuní a algunas amigas en mi casa y todas las semanas hacíamos una hoguera en el jardín y practicábamos el ritual de la quema del mapa; con la meditación, nos comunicábamos con los maestros. Fue un periodo muy importante en mi vida, uno de profunda evolución: se abrió un canal en mi inconsciente a través del cual llegaron todas las informaciones que necesitaba para entender ese momento tan difícil por el que pasaba. Las respuestas provenían de mi interior.

Después fue el turno del Arcángel Miguel de entrar en mi vida. Cuando iniciaba una sesión de regresión, invocaba al Arcángel Miguel y pedía su ayuda para cortar con su espada de luz azul todo el karma negativo y las perturbaciones espirituales que pudiesen atrapar a esa persona. Hacía esas oraciones con tanta fuerza y fe, que todos lograban sentir una gran transformación en su vida. A partir de entonces invoco al Arcángel Miguel, quien consume todas las energías negativas que hay a mi alrededor. Él me protege, me libera de todo el mal y todos los días, al despertar, practico la oración del Arcángel Miguel y pido protección para mí y para mis hijos.

Cuando era una niña vivencié, incontables veces, experiencias y sensaciones que no lograba explicar muy bien. Sentía que no estaba sola en la Tierra, y en los momentos de peligro mi intuición era tan fuerte y mi percepción tan aguda, que sentía una protección invisible a mi lado. Incluso, sin saber explicar de dónde provenía, tenía la sensación física de alguien que pasaba la mano por mi cabeza y que me transmitía mucha paz y armonía. La explicación que daba mi madre era que mi ángel de la guarda estaba siempre a mi lado, protegiéndome. Cuando llegué a la edad adulta, comencé a establecer un contacto más directo con el plano espiritual y percibí que los seres iluminados estaban constantemente conmigo.

Hoy entiendo que había aprendido esas lecciones con el conde de Saint Germain en mi vida en Francia, lo cual vine a saber mucho más tarde cuando hice regresiones; en una de las sesiones, vi que estaba en Francia recibiendo las enseñanzas del conde, quien, sin yo saberlo, había vivido en aquella época. No sabía que aquel conde era el mismo maestro que había descubierto en mis lecturas, sino sólo lo descubrí cuando estuve en París en 1993 y por coincidencia me hospedé en un hotel en el barrio de Saint Germain, donde había una enorme estatua del Arcángel Miguel. Empecé a asociar mi regresión con todas esas informaciones y me di cuenta de que en cuanto leía algo a ese respecto, era como si ya lo supiese. En esa existencia fueron muchas las etapas de mi vida espiritual, como si tuviese muchas vidas en una sola encarnación. Percibí que los registros también son emocionales, y esas emociones generan la culpa o la amargura que produce el karma; por lo tanto, todo lo que pasa en nuestras vidas tiene un significado y debemos estar atentos a las señales.

En esa época, las enseñanzas de los maestros caían en mis manos sin que yo hiciese esfuerzo alguno: eran por medio de un libro, de una conferencia o de lo que decían mis amigos. Esto ocurrió hace veinte años cuando tales conocimientos no eran divulgados y había pocos libros sobre el asunto. Fue un periodo muy feliz de mi vida; andaba con el Libro de Oro de Saint Germain hacia todas partes y en nuestras reuniones semanales llegamos a percibir algunos mensajes de los maestros. Después, la vida hizo que me dedicase integralmente a mi trabajo y a mis hijos; ya no tenía tiempo para nada más. Después de mi separación de Marco Antonio en 1991, me vi obligada a cobrar por mi trabajo de astróloga y terapeuta de vidas pasadas, transmitiendo mis experiencias a las personas que me buscaban.

El alma humana

Todos sabemos que el hombre posee un alma y que ésta es una en el tiempo, es decir, permanece idéntica a sí misma —esto es lo que demuestra el sentimiento de responsabilidad: sentimos que tenemos que responder por nuestros actos pasados, y no podríamos experimentar tal sentimiento si nuestra alma no permaneciese idéntica a sí misma. Si yo puedo, a cada minuto, acordarme de mis actos pasados y reconocerlos como míos, es necesario que algo permanente subsista en mí, pues de lo contrario sólo me acordaría de lo inmediatamente presente. La reflexión demuestra que el alma puede volverse hacia sí misma para conocerse en sus actos.

Espiritualidad del alma: espiritual es todo ser que no depende de la materia, y el alma se mantiene independiente del cuerpo, pues ejerce sus funciones de inteligencia y de voluntad y es capaz de existir sin el cuerpo (una piedra no puede desear pensar); sin embargo, es una sustancia incompleta, destinada a estar unida a un cuerpo y a formar con él una única sustancia que se llama *compuesto humano*. La unión del cuerpo y del alma es indisoluble: llega un momento en que ésta se separa del cuerpo, pero ¿qué ocurre con el alma? ¿Morimos completamente? El alma humana constituye, con Dios, una única y misma sustancia, y después de la muerte el alma se unirá al gran todo. Entonces el alma es inmortal y la sabiduría del Ser Supremo exige que no destruya su obra; el arquitecto no construye para demoler, y Dios no dio al alma una naturaleza incorruptible para conducirla a la nada.

Océano Atlántico: diez años de travesía

1993/2003: creo que durante ese periodo de mis viajes entre Brasil y Portugal evolucioné muchas vidas; esos viajes allende el mar, atravesando el Océano Atlántico, fueron la clave para mi autoconocimiento. No estaría en condiciones de entender todo lo que vivo hoy si no hubiese pasado por el desafío de vivir algunos meses del año en Portugal. Muchas personas nacen en un país y viven en otro, y no tienen conciencia de cuál es la razón de que ocurran esos cambios en sus vidas. Gracias a Dios tuve el merecimiento de saber por qué esas situaciones ocurrieron conmigo y en esta existencia. Creo que esto se relaciona con la necesidad que tengo de buscar con más profundidad lo que no consigo entender racionalmente. Cuando era joven, mis cuestionamientos eran de otra naturaleza, buscaba el autoconocimiento mediante lecturas de autoayuda, cursos, estudios y terapias. Con el transcurso del tiempo descubrí que los registros de mis experiencias están en mi alma. Tuve que pasar por muchos sufrimientos para llegar al estadio de comprensión que poseo actualmente.

Portugal despertó en mí sentimientos que yo desconocía y el principal aprendizaje fue desligarme de mis raíces. Mi vínculo con ese país ha sido un marco muy importante en mi evolución espiritual, porque aprendo mucho durante el tiempo en que me alejo de Brasil.

Analicé el mapa astral kármico de Portugal y llegué a algunas conclusiones: este país tiene un karma de poder, de posesividad, de apego. Los espíritus que han encarnado ahí deben aprender la dura lección de la pérdida afectiva para lograr desprenderse de su lado material y volverse a lo espiritual. El sentimiento de posesión provoca un apego en la relación de familia y dificulta el vínculo entre los amigos; las personas no muestran apertura, se vuelven introvertidas y sufren por no lograr exponer sus sentimientos más íntimos.

La misión de Portugal está relacionada con la energía de la curación. Los grupos de espíritus que eligieron nacer en ese país poseen la aptitud de curar por medio de terapias como la medicina china, el reiki, la radiestesia, la acupuntura, la quiropráctica y otras que son muy difundidas y apreciadas en el país. Ésa es la manera correcta de transformar el karma en dharma, pues la donación del amor incondicional sustituye al sentimiento de posesión. Como decía san Francisco de Asís: «Al dar es como recibimos».

Esos espíritus son auxiliados por seres interplanetarios, entes de otras galaxias que se transportan energéticamente a la Tierra y emiten luz para desarrollar esa misión. Portugal está receptivo a esas energías y debe procurar abrirse cada vez más a ellas, porque el gran desarrollo del trabajo de curación ocurre desde hace algún tiempo.

Durante esos diez últimos años comprobé que muchos buscan y continúan buscando profundamente el desarrollo espiritual. Creo que en los próximos dos años habrá en Portugal una separación de la cizaña y del trigo, es decir, de los incontables espíritus que han encarnado ahí para ayudar en esa evolución, de modo que sólo algunos conseguirán cumplir tan difícil misión. Las personas deben procurar entregarse sin miedo y convertirse en un canal para que el plano espiritual actúe libremente. Es necesario tener discernimiento para no relacionarse con personas manipuladoras, o sea, no se debe depender de nadie, pues la evolución es individual.

Con el mapa astral kármico comprobé que muchos espíritus que han encarnado en Portugal estuvieron en Francia en otras vidas, en la época de los reyes, cuando existía mucha riqueza, orgullo y vanidad, y hoy tales espíritus tienen que aprender la lección de la humildad.

No fue sin motivo que Portugal estuvo durante tiempo bajo el régimen de la dictadura; fueron cincuenta años de gobierno de Salazar y de bloqueos en todos los sentidos. Después de ese periodo, Portugal comenzó a desarrollarse espiritual y materialmente. El cambio ha ocurrido principalmente desde 1993, y no por azar muchos brasileños cumplen su misión en Portugal.

El espíritu aventurero hizo de ese país un pionero de la navegación. Al llegar a Brasil, dichos navegantes se interesaron por las riquezas materiales, en vez de absorber la espiritualidad y la energía existente en el país. Actualmente, muchos portugueses se sienten atraídos por la vibración positiva de Brasil.

En mi vida intermedia como Luis, los maestros me informaron acerca de Brasil: dijeron que por ser un país más nuevo no habrá muchas guerras, por lo cual la energía será más sutil, aun cuando hay muchas diferencias de raza y de cultura. Esto ayudará de alguna forma a la evolución de la gente, pues todos tendrán la oportunidad de aprender nuevas filosofías y religiones. La misión del pueblo brasileño será una tarea de amor y se necesitará transmitir la espiritualidad a otros países.

El karma será la desigualdad y las diferencias sociales, el poder político negativo y la inseguridad material, a la vez que el mal uso del poder material provocará la violencia. Otro karma de Brasil será el poder de manipulación por medio de la mente colectiva y la comunicación agresiva. El mestizaje de los espíritus encarnados en ese país puede generar un poder mental negativo y la comunicación destacará la negatividad del país. Uno de los desafíos del pueblo brasileño consistirá en modificar ese patrón negativo, y la principal lección será trabajar la mente colectiva para el bien y no subrayar el mal, transformando así el karma en dharma. Los espíritus encarnados aprenderán a desapegarse de la materia y la violencia entre los seres humanos les enseñará a protegerse espiritualmente; Brasil será la cuna de la Nueva Era, pues la fuerza espiritual sobrepujará a la violencia física y emocional.

A partir del año 2000 habrá una limpieza energética en todo el país, y el poder social, la corrupción política y la violencia se volverán latentes para que esa limpieza pueda ocurrir. En Brasil existe un mestizaje de razas, de religión que proporciona la evolución espiritual de la gente, pero la mezcla energética del bien y del mal dificulta a la luz vencer a las tinieblas, y existe una lucha constante entre esas dos fuerzas antagónicas.

Donde todo comenzó...

En 1982 fui animada a unir la astrología kármica y la regresión. Cuando esto sucedió no fue por mi voluntad, sino que sentía mucho recelo de trabajar con el inconsciente de las personas, pues sabía de la responsabilidad que asumiría al realizar ese trabajo. En aquella época ya había realizado varias sesiones de regresión, en un intento por entender el por qué de mi vínculo con Lucas. Después de hacer ese trabajo conmigo misma, sentí la necesidad de ayudar a las personas que me buscaban para interpretar su mapa astral kármico; debía ayudarlas a liberarse de sus karmas anteriores. No bastaba con saber lo que había ocurrido, sino que era fundamental buscar la purificación de las tristezas y angustias que habían quedado registradas en el cuerpo emocional. Tenía conciencia de que esos sentimientos negativos provocaban enfermedades en el cuerpo físico, por lo cual era imprescindible lograr la liberación del pasado.

Después de algún tiempo comencé a sentirme presionada, pues muchas personas solicitaban mi ayuda y yo no podía tener tiempo para mí. Mi recelo era no lograr satisfacer a todos los que me buscaban, y me sentía responsable al transmitir la necesidad de concientización y liberación del karma por medio de la regresión, que para mí era un trabajo muy desgastante, pues siempre me involucraba con el sufrimiento ajeno. Debía hacer un esfuerzo para ayudar al paciente a liberarse de las emociones que estaban bloqueadas profundamente. Me preguntaba por qué había elegido realizar ese trabajo tan difícil y por qué atraía a numerosas personas con problemas muy graves: emocionales, espirituales, afectivos, de salud, depresivos, con tendencias suicidas y muchos otros conflictos.

Pedí orientación a los maestros y me preparé para una regresión; necesitaba saber dónde había comenzado todo. *Y vi...*

UN FARAÓN EN EL ANTIGUO EGIPTO

En el año 2600 a.C., mi espíritu encarnó en el plano de la Tierra después de haber permanecido durante muchos siglos aprendiendo en otros planetas. Esa encarnación fue el inicio del aprisionamiento de mi espíritu en la tela del karma. En otros pasajes por la Tierra no había existido esa densidad ni esa energía de poder y materialismo; mi espíritu era puro y no conocía las dificultades del ser humano.

Los orígenes de la civilización egipcia no están bien definidos, pero las fuentes arqueológicas muestran que dicha civilización inició en el año 3200 a.C. La religión desempeñaba un papel importante y los templos se destinaban a los cultos religiosos y eran muy respetados, por ser sitios sagrados. Cada ciudad tenía un templo destinado al dios local y su entrada estaba limitada a los faraones y a los sacerdotes. Para los egipcios existía un vínculo entre la vida y la muerte: creían que después de morir, el alma de la persona viajaba por el más allá y que después iba a la sala de juicio. Se hacían muchas oraciones con dibujos y encantamientos mágicos que eran enterrados con el difunto para guiar su alma. La pirámide de Keops y la pirámide escalonada fueron construidas en esa época.

TRASPONGO EL TIEMPO Y EL ESPACIO

Egipto, 2600 a.C.: mi nombre es Athón, un hombre fuerte y sensible, poseo muchos dones, al igual que todos los que habitan el planeta de donde vengo. Descendí a la Tierra con la intención de cumplir una misión importante: ayudar al ser humano a no adquirir el karma, y a entender la ley de causa y efecto; el objetivo es apresurar la evolución de la Tierra. Me acompañan en este viaje mis instructores espirituales y vengo con intenciones muy positivas; mi deber es ayudar a todos y transmitirles mis conocimientos. Soy un espíritu simple y bondadoso. En un primer momento, me siento encantado con la belleza de este lugar y veo muchas piedras brillantes que ofuscan mi visión. Los materiales son más pesados y poseen una consistencia diferente de la del planeta de donde vengo, en donde no existe densidad, sino energía sutil.

Mi misión es transmitir la sabiduría milenaria y ayudar al ser humano a no crear un vínculo negativo con otro ser, por medio de los sentimientos de odio, ira, apego o envidia. De lo contrario, esos espíritus quedarán atados unos a otros. Realizo esa meta con mucho amor; al mismo tiempo, me siento invadido por toda esa belleza y riqueza. Sé que puedo influir en las personas, y así lo hago. Poseo el dominio de acordarme de aprendizajes obtenidos en otras encarnaciones en la Tierra y en mi planeta de origen, donde no existen la discordia ni la desunión —no sé lo que es eso. Muchas veces quedo impactado con la actitud de algunas personas que me rodean.

Siempre que puedo me aíslo en busca de paz interior. Subo algunos escalones de la pirámide donde vivo, y entro en un aposento muy blanco e iluminado. En ese lugar recuerdo lo que aprendí en el pasado. A lo lejos veo el cielo azul y una sensación de paz recorre todo mi ser. Me gustaría mucho no tener que bajar esos escalones y regresar al plano inferior; quiero quedarme aquí en meditación eterna. Cuando entro en ese estado de meditación, me desligo de las influencias terrenales y vivo en esos dos mundos: aquí recupero mis energías y allá abajo las doy a quienes las necesitan. Disfruto al enseñar y tengo el don de la palabra; además, las personas me escuchan cuando transmito lo que sé. Parece que en este planeta será difícil enseñarles lo que deben saber para desvincularse de sus apegos. Sé que los faraones son momificados y algunos se llevan a la tumba todo el oro y la riqueza que conquistaron en su vida terrenal, lo cual me confunde, pues no es necesario llevarse nada al otro lado, ni es preciso llevarnos lo que poseemos aquí cuando dejamos nuestro cuerpo físico, además de que eso no es posible. En mi planeta no existe el cuerpo físico, sino sólo el etéreo.

Estoy en lo alto de la pirámide. Me siento inundado de paz y viajo en busca de la sabiduría de mi espíritu, traspongo el tiempo y el espacio y me dirijo a la ciudad etérea, donde la energía es muy pura y brillante. Es una bella ciudad donde todos viven en perfecta armonía y no existe competencia ni ambición, como en el planeta Tierra. Hice el sacrificio de encarnar en un cuerpo físico junto con un grupo de almas, y descendimos a la Tierra con amor, mas esta energía es sofocante. Mi cuerpo es pesado y puedo salir de él cuando quiera para buscar la inspiración que no encuentro en la Tierra. Mi familia cósmica y yo vivíamos en perfecta unión en nuestro planeta.

La densidad de la Tierra me sofoca. Al principio hallaba mucha belleza en todo lo que veía, pero ahora percibo que las personas se apegan demasiado a la riquezas y creen que poseen algunos bienes; empero, en verdad no entienden que nada les pertenece, que nacen solos y así mueren, nacen desnudos y retornarán en la misma forma en que vinieron. Trato de no juzgar, pues sé que no puedo huir de lo que me propuse.

En busca de paz, procuro armonizarme y sólo recupero mis energías en lo alto de la pirámide, en mi sala secreta, y después transmito con mucho amor todo lo que sé, pero siento que es un sacrificio salir de este lugar sagrado y descender los escalones del mundo espiritual para llegar al mundo terrenal; sin embargo, desciendo y encuentro en un salón a jóvenes que me esperan. Todos son hombres y quieren convertirse en sacerdotes; me aguardan con ansiedad. Consigo leer sus pensamientos y me incomodan sus sensaciones. ¿Por qué quieren siempre saber más? Sé que no puedo enseñarlo todo y que cada uno debe pasar por su propio aprendizaje conforme vaya mereciéndolo; al mismo tiempo, temo ser egoísta y esconder lo que sé. Trato de desprenderme, pues, finalmente, nada me pertenece.

Uno de los jóvenes es muy curioso y ávido de conocimientos y siempre está preguntando, insistiendo en saber más, lo cual me irrita. Comienzo a sentir algo que desconocía —el sentimiento de ira: una sensación extraña y un deseo de enseñarles a todos menos a él. ¿Por qué él no tiene la paciencia de esperar y aprender todo a su tiempo?

Es muy vanidoso y prepotente, siempre quiere demostrar que sabe más que los otros, pero todavía no ha comprendido que el verdadero conocimiento proviene de nuestro interior, de otras existencias. Él busca el conocimiento devorando numerosos libros y se siente el «dueño de la verdad». Procuro no irritarme con él y tratarlo con cariño, pero muchas veces me salgo de mis casillas y no respondo a sus preguntas.

Con el correr del tiempo, comencé a sentir placer al percibir la influencia que conseguía ejercer en las personas a mi alrededor, aunque entré en conflicto; me gustaba el poder que ejercía en los demás y me daba cuenta de que estaban ávidos de conocimiento, pero no quería sentirme superior; sin embargo, era muy difícil ser comprendido, y para no volverme egoísta transmitía todo lo que sabía; como ellos dependían de mí, esto me molestaba. Muchos solicitaban mi ayuda y era agradable sentir la admiración que tenían por mí; al mismo tiempo, sentía recelos de volverme vanidoso. Antes de bajar a la Tierra había sido prevenido e instruido: debía tener cuidado con la ambición, el orgullo, el poder y la vanidad. Sabía que no debía permitir que esos sentimientos me desviasen de mi misión, lo cual también me generaba otro conflicto interno —cuando enseñaba a mis discípulos, me irritaban con muchas preguntas. No sabía cómo actuar, hasta que llegué a la conclusión de que la única salida sería enseñar todo para liberarme de ellos y de sus preguntas.

Mi conocimiento era inmenso y provenía de otras dimensiones. Creía que cada uno tenía que buscar dentro de sí esa sabiduría que estaba registrada en su inconsciente. La única diferencia es que con un trabajo de meditación conseguía despertar lo que ya sabía. Quería enseñarlos a meditar, pero la meditación no se enseña, sino sólo sucede cuando desligamos la mente de la dimensión terrenal y separamos el cuerpo astral del cuerpo físico. Siempre que puedo me dirijo a la sala secreta que se encuentra en el piso superior de la pirámide, subo una escalera estrecha y llego a la sala de meditación. Esos momentos son muy especiales, porque despiertan los conocimientos que están dentro de mí. Llego a acordarme con nitidez de dónde y cuándo los adquirí, recordando mis vidas en otros planos espirituales más elevados, y también de otras encarnaciones anteriores en las que fui absorbiendo y aprendiendo cada vez más.

Todo el tiempo que tenía disponible me aislaba de todo y de todos; pero me di cuenta de que esas confusiones me desviaban de mi propuesta inicial, que era ayudar a las personas y enseñarlas a no adquirir karmas negativos. Al principio, cuando era más joven, hacía esto muy bien, pues tenía mucha fluidez en la comunicación. Después fui percibiendo la atracción que las personas sentían por mis conocimientos y me fue gustando ese poder que ejercía sobre todos. Fui guardando esos conocimientos sólo para mí, pero terminaron por convertirse en una carga pesada. Aquello que en un inicio era una fuente de placer para mí se volvió en la fuente de mi desesperación. No lograba establecer el equilibrio y a veces transmitía todo, aunque otras veces no transmitía nada. Finalmente, decidí colocar sobre la mesa todo lo que sabía y enseñar todo a todos los que encontraba en mi camino, a pesar de saber que muchos todavía no estaban preparados para recibir tales enseñanzas; por esa razón, algunos no lograban entenderme. Así fui llevando mi vida, en ese conflicto: vivía en medio de gran riqueza, mucho oro, bastante poder, pero tenía también una sabiduría interna; sin embargo, no supe aprovechar la sabiduría que me había sido dada en esa encarnación y acabé por caer en los excesos.

Sabía de los poderes de la astrología y de lo que podemos hacer con la fuerza de nuestra mente; no basta sólo con tener intuición y los canales abiertos, sino que necesitamos tener sabiduría, lo cual no se aprende en las aulas, sino con las vivencias en la Tierra y en otros planetas u otras dimensiones.

PERMANENCIAS PLANETARIAS DEL ESPÍRITU

Siempre me dediqué mucho a la astrología, viajaba en espíritu y contactaba con los Señores Planetarios para obtener informaciones, y otras veces ellos descendían para enseñarme su influencia energética en la vida de la Tierra. Sentí siempre una gran atracción por Saturno y entendí profundamente sus lecciones; tenía la certeza de la influencia de los astros en el ser humano; sin embargo, sabía que no debemos volvernos esclavos de esas vibraciones, y esto enseñaba a los aspirantes a sacerdotes, a quienes decía:

—Nosotros, los egipcios, unimos la astrología con la astronomía, la cual sostiene que, según su posición, la Tierra, el Sol y los planetas se equilibran mutuamente; por lo tanto, sabemos que ellos tienen mucho que ver con la vida del hombre y con la expansión de la vida, y más todavía con las emociones del hombre físico en la Tierra. Conseguimos probar que los efectos del Sol influyen en la vida del hombre por su propia temperatura, y desde que el Sol fue establecido como gobernante de este sistema solar ejerce un efecto sobre los habitantes de la Tierra; así, el Sol, la Luna y los planetas poseen las instrucciones recibidas de lo Divino y se mueven de acuerdo con ellas. Al hombre le fue otorgado el libre albedrío desde el comienzo de su existencia, y con ese don el ser humano podría elegir entre volverse un rebelde o un instrumento de luz al proyectarse sobre la materia, encarnando en un cuerpo físico en esta dimensión. El hombre estuvo consciente de que poseía la capacidad para crear y transformar, podía hacerlo con o sin responsabilidad y, debido a la energía densa de la Tierra, el ser humano se fue volviendo cada vez más materializado y egoísta, perdiendo el sentido de unidad con el Padre, es decir, con su Esencia Divina. El espíritu es puro y cuando encarna en la Tierra no tiene intención de cometer errores ni maldades, pero cuando llega aquí se rodea de esa energía densa y entra en armonía con lo negativo y olvida su esencia. Solamente de aquí a muchos siglos el hombre entenderá que Dios está dentro de él y que él es una partícula del Ser Supremo. Tendrá no sólo que iniciar el largo camino de regreso a su *yo divino*, sino también que volver al Padre, aprendiendo a usar su mente y su voluntad de manera creativa y altruista y no egoísta, con amor en vez de odio, con paciencia y con fe y no con juicios precipitados.

Todos se interesaban mucho en esas explicaciones y yo continuaba:

—Ustedes deben preguntarse por qué tenemos que entrar en el campo de las encarnaciones terrenales. La explicación para esto es que la Tierra se convirtió en un lugar de entrenamiento, donde las almas que deciden entrar en esa vibración deben mostrar lo que aprendieron en otras vidas y en esta dimensión, uniendo las lecciones de ésas y de otras dimensiones de conciencia; cuando el espíritu se desprende del cuerpo físico a la muerte de éste, se dirige a planos más elevados, y esas otras dimensiones están representadas por los planetas. Cuando el espíritu está ausente de la Tierra, absorbe la energía de los planetas, y cada uno representa una parte de tales lecciones a ser aprendidas por medio de sus vibraciones. El Sol fue creado para dar luz y calor a las criaturas de Dios en la Tierra. Somos afectados por las vibraciones planetarias en nuestras existencias porque armonizamos con ellas durante nuestra permanencia en dichos planetas. Absorbemos sus vibraciones en nuestra alma, la cual reacciona a sus movimientos cuando éste transita por el universo. Un planeta en tránsito emite sus vibraciones y, si estamos en armonía con él, podemos asimilar lo que nos envía de bueno o de malo durante ese periodo.

Todos estamos de acuerdo en que existe vida en otros planetas; sabemos que no existe un cuerpo físico como el de la Tierra en Mercurio, Venus o Marte, pero hay un estado de percepción o de conciencia en esas dimensiones en que el espíritu está ausente del cuerpo, incluso cuando duerme o medita.

Transmito a mis discípulos que debemos utilizar la astrología como peldaños para nuestra evolución y que no podemos atarnos a esa ciencia, pues la voluntad desempeña un papel muy importante en la evolución del hombre durante su camino espiritual. En la Tierra, es como si el hombre estuviese en un «campo de batalla», donde las experiencias de las permanencias planetarias se encuentran y vencen, o las angustias emocionales de vidas pasadas se anclan en la tela del karma; por lo tanto, nosotros debemos regir nuestras vidas y entender las lecciones planetarias como una ayuda para nuestra evolución. A pesar de existir muchos sistemas solares mayores que el nuestro, esta experiencia terrenal o esta Tierra es un punto minúsculo en el universo, y no todos los individuos son afectados de la misma forma por los planetas, sino que algunos resultan más o menos impactados que otros.

Sabemos también que nuestra alma puede quedar fuera de las encarnaciones terrenales durante centenares de años, para tener la oportunidad de encontrar aspectos favorables o desfavorables en su lugar de permanencia en las dimensiones planetarias, de acuerdo con sus karmas. El alma vendrá a la Tierra con varios aspectos planetarios y aquí los planetas en tránsito armonizarán con ese patrón, para que el espíritu pueda modificarlo, consolidarlo o destruirlo. Tendrá la oportunidad de progresar en el crecimiento del alma o estacionarse.

Durante el tránsito de los planetas (principalmente Saturno) en aspectos positivos en el mapa, las energías latentes en el alma tienden a manifestarse, pues cuando están latentes se hallan escondidas u ocultas, sin desarrollo dentro de la persona, como un poder no revelado que se expresará en algún momento. Manifiesto significa lo opuesto a latente, sugiere una tendencia buena o mala que está en desarrollo y que debe ser revelada, y nosotros creamos esas potencialidades. Las experiencias terrenales se manifiestan en emociones, mientras que el desarrollo mental ocurre cuando el espíritu habita en vidas intermedias; por ello, los individuos poseen conocimientos diferentes unos de otros, ya que en cada individuo queda el registro de esa experiencia, que es conocida como Registro Akáshico, el cual revela cómo reaccionó cada individuo en el pasado a diversas situaciones mentales y emocionales. De esta manera es posible llegar al registro del alma de otro individuo.

El Akasha no es el registro global de lo que hizo el individuo combinado con el conjunto de la humanidad; más bien, cada cuerpo, cada alma, es una entidad individual y aquello que hace o piensa se convierte en un registro vivo de la experiencia individual. El registro del alma individual es solamente suyo y no se parece a ningún otro. Los registros de cada alma pueden ser leídos mediante la práctica de la meditación, con paciencia y persistencia, e incluso es posible tener el registro de una nación.

Las emociones y reacciones sensoriales son heredadas de determinadas vidas anteriores y las selecciona el alma para manifestarse en esta vida. Las intuiciones, las percepciones y el juicio cierto o equivocado se vuelven parte del cuerpo, debido a las experiencias que el alma adquiere en campos de conciencia fuera de la Tierra, o en las dimensiones planetarias; independiente de ambas está la voluntad, que es libre para utilizarlas de modo constructivo o destructivo. Los signos del Zodiaco revelan los patrones kármicos del alma; a su vez, los planetas ayudan a modificar esos patrones por medio de sus tránsitos, y la voluntad transforma el patrón negativo en positivo. Nuestra tarea en esta vida es utilizar la voluntad para armonizar los dos patrones: las angustias terrenales y las planetarias en un todo; sin embargo, esto no quiere decir que se deba repudiar la vida material o rechazar los deseos emocionales, sino que significa utilizarlos espiritualizándolos y haciendo elecciones constructivas para uno y para los demás.

El libre albedrío es transportado a las vidas intermedias en otras dimensiones y en otras permanencias planetarias. Después del paso del alma por la vida terrenal, el plano de evolución de esa alma implica que ella venga a la Tierra y se manifieste de acuerdo con ese concepto. La Tierra fue creada especialmente con el fin de ser un «lugar de pruebas» para nuestro perfeccionamiento y aprendizaje por medio de nuestra libre voluntad, expresada en el mapa del nacimiento para que seamos entrenados, pues la vida es una experiencia continua. Nacemos en condiciones ambientales y familiares adecuadas para realizar nuestras elecciones mediante los planos material, mental y espiritual.

El lector debe recordar siempre que: «Así como condenas, serás condenado; así como perdonas, serás perdonado, y lo que hicieres por el más humilde de tus semejantes, lo harás por el Creador. Esas leyes son verdaderas e infalibles: un error, una falta, tendrá que ser reparada. La vida es una experiencia maravillosa y elegimos el país donde encarnará nuestro espíritu para poder utilizar sus habilidades, reforzar sus defectos y sus faltas, o incluso desarrollar sus virtudes a fin de cumplir su ideal».

LAS ERAS PLANETARIAS Y LAS CIVILIZACIONES

Cada era dura aproximadamente 2 150 años.

La Era de Leo fue de 10 302 a 8 142 a.C., periodo caracterizado

138

por la religión, que tuvo como tótem a un león. En ella predominó la raza lemuriana, que precedió a la raza atlante; además, poseyó un patrón divino único y una misión por cumplir en la Tierra; reencarnaron en grupos. Existen siete grupos principales de almas de la primera a la séptima razas.

La Era de Cáncer fue de 8 142 a 5 982 a. C., en la cual predominó la raza atlante, que sucumbió en un cataclismo donde hoy es el Océano Atlántico entre Europa, África y América. Primero desapareció la parte norte y después la parte sur; lo que restó formó nuestras modernas Azores. La raza atlante emigró a otros continentes y llegó hasta Brasil.

La Era de Géminis fue de 5 982 a 3 822 a.C. y nos trajo la tradición del doble trono, en China y Egipto. China afirma que los primeros reyes fueron gemelos, representados por dos serpientes entrelazadas, símbolo que hasta hoy significa medicina y sabiduría. En la Era de Géminis vivió Hermes Trismegisto, rey, legislador y sacerdote, quien escribió la ley de las polaridades: así como es arriba, es abajo. En esa época hubo un desarrollo del espíritu.

La Era de Tauro fue de 3 822 a 1 622 a.C., era que vivimos ahora y que representa nuestro esplendor en Egipto. Estamos en condiciones de utilizar el cobre y rendimos culto al dios Apis y a la diosa Hathor, representados por un buey y una vaca, respectivamente. Impondremos al mundo al toro como tótem, junto con la adoración de la vaca sagrada en Egipto y la India. En las márgenes del río Nilo reposarán el arte, la arquitectura, la pintura y la construcción de las pirámides. A su vez, en la enorme pirámide de Keops están contenidas todas las artes que permanecerán durante siglos para que los humanos puedan tener conciencia de la vida eterna, pues muchos pasarán, pero nuestras pirámides permanecerán.

¿Saben ustedes la importancia de las pirámides en nuestras vidas? Su construcción fue realizada para conservar nuestro cuerpo y nuestro espíritu. Estamos mucho más protegidos dentro de las pirámides que afuera, y cuando meditamos dentro de ellas nuestros canales se abren a otras dimensiones, que nos dan todas las respuestas que necesitamos.

Nuestro grupo se fue desarrollando de una manera tan profunda, que los conocimientos fluían dentro de nosotros sin que lo percibiésemos. Discutíamos sobre todo e intercambiábamos ideas acerca de distintos asuntos, lo cual era muy positivo, pues sabíamos que cada uno poseía su propia sabiduría interna y que podríamos enseñarnos unos a otros.

MISIÓN CÓSMICA Y MISIÓN TERRENAL

Pasamos varios días discutiendo lo referente a la misión; sin embargo, a final de cuentas, ¿qué es la misión?

Todos tenemos una misión que cumplir en las diversas dimensiones en que habita nuestra alma; antes de reencarnar, el espíritu elige su misión en función de sus karmas y de sus dones. Al respecto existen varios tipos de misión:

La misión principal es la Cósmica, obligatoria para todos los seres; debemos evolucionar en busca del regreso a nuestros orígenes mediante el perfeccionamiento obtenido por el mejoramiento de nuestros actos. Todos los que están encarnados en la Tierra vinieron para cumplir la Misión Cósmica, y cuantos más son los actos positivos practicados, más los espíritus que se perfeccionan. Además de la Misión Cósmica, existe la Misión Programada por nuestro espíritu, en la que hacemos nuestras elecciones antes de encarnarnos en la Tierra a fin de suavizar nuestros karmas. Nosotros escogemos la misión que deseamos cumplir en determinada encarnación. Por ejemplo, si en una encarnación pasada abandonamos a nuestros hijos de una manera egoísta, programamos la misión de cuidar niños abandonados para aliviarnos de nuestro karma y aprender nuestras lecciones. Esto se transforma en instinto o deseo de realizar tal acto durante la vida.

La Misión Espontánea comienza cuando termina la Misión Programada. Cuando el espíritu cumple la Misión Programada y continúa ayudando al prójimo, se libera de la Tierra. Con esto da continuidad a la misión y gana puntos positivos en cada situación siempre para el bien.

140

Si morimos antes de completar nuestra Misión Programada, nuestra tarea se verá interrumpida y tendremos que volver a encarnar para completarla; no obstante, es difícil que eso ocurra, pues el espíritu que está cumpliendo su meta está más protegido. Como todo en el universo es doble y posee polaridades opuestas, hay misiones negativas, que consisten en ayudar al prójimo a evolucionar pasando por pruebas y sufrimientos.

También puede ocurrir que la persona que esté a punto de completar su Misión Programada desencarne; podrá completarla en el plano astral, convirtiéndose en auxiliar invisible o en guía espiritual, pero la misión que un ser encarnado puede cumplir en un año, si se desencarna, demorará mucho más tiempo en concluir.

La Misión Rápida es un caso especial para complementar el karma: cuando un niño muere antes de los tres años, quiere decir que vino con la misión de ayudar a su familia a evolucionar; en la misión intrauterina, el individuo resuelve su karma antes de nacer; mientras está en el útero, podrá generar alegría o tristeza en su madre y cumplir así su misión.

En cuanto al aborto natural, puede suceder cuando el espíritu completó rápidamente su misión o vivió esa experiencia para ayudar en la evolución de su madre; el aborto provocado hace que la madre adquiera un karma negativo, pues impidió que un misionario cumpliese con su tarea.

Con estas explicaciones intento demostrar a mis discípulos la importancia de tener conciencia de nuestra misión en la Tierra. Muchos todavía no saben cuál es verdaderamente su misión y juntos hacemos una meditación de Entrega de Misión. Nos arrodillamos ante el altar y pedimos con toda fe que la luz de los dioses nos encamine hacia ella; después de esa entrega, aguardamos los resultados.

Mi sugerencia a cada uno es: al amanecer entrégate a tu misión, mentalizando una luz dorada que viene de arriba y penetra en lo alto de la cabeza, y en esa entrega di una oración en voz alta: «Señor, estoy listo y preparado para cumplir mi misión en la Tierra y quiero ser encaminado hacia esa misión».

Cuando discutimos esos asuntos, parece que no existieran el tiempo ni el espacio. Nos absorbemos tanto que no queremos salir de ese lugar protegido por los dioses, pero necesitamos convivir con otras personas que no piensan como nosotros, lo cual nos desarmoniza y rompe nuestro equilibrio.

Cada día que pasa aumenta nuestra intuición y comenzamos a ver el aura de las personas. Sabemos que el aura humana corresponde al campo energético que circunda nuestro cuerpo humano y que resulta de las energías emanadas por el cuerpo en armonía con la energía cósmica. Poseemos algunos aparatos que miden nuestra aura, la cual se presenta en diversas formas y no sólo en la coloración, que puede ser ennegrecida e incluso desenfocada.

Para detectar el aura de una persona se deben retirar todos los metales, a la vez que la persona debe permanecer con las manos pegadas al cuerpo y en posición horizontal, mirando de frente a la altura de los ojos.

Algunos trastornos de la conducta pueden desarmonizar el aura, principalmente los sentimientos de ira que aparecen como huecos en el aura humana, permitiendo que penetren las energías negativas; por eso es muy importante no dejar que los sentimientos negativos ennegrezcan nuestra aura.

Asimismo, percibí que cuando estamos en el plano de la Tierra, por más conocimientos que tenga nuestro espíritu acerca de la ley del karma, nos envolvemos en esa tela que nos aprisiona por muchas vidas.

Aunque podría haber enseñado mucho más a las personas y no adquirir un karma, finalmente entré en armonía con la Tierra, desviándome de mi objetivo, y sólo cumplí una parte de la misión programada por mi espíritu.

MI ESPÍRITU ENTRE EL CIELO Y LA TIERRA

Llegó por fin el día de mi muerte y fui momificado, como era la costumbre de la época. En ese periodo sentí que mi espíritu no lograba desvincularse del cuerpo físico y que debería permanecer un largo tiempo sin regresar a mi hogar de origen, pues debía apagar todo sentimiento de poder negativo dentro de mí para poder reencarnar en otro tiempo y enseñar todo lo que sabía. Sin embargo, en mis próximas encarnaciones no podría vivir con todo ese poder, y cada vez que me desviase de mi misión sería castigado por mí mismo.

Lo anterior era un gran aprendizaje que podría durar siglos, mas yo estaba preparado para eso.

Mientras estaba entre el cielo y la tierra me cuestioné todo lo que había vivido, reflexioné y me culpé por algunos actos cometidos anteriormente. Sentía un deseo enorme de regresar a mi planeta de origen, pero no lo lograba. La momificación ató mi espíritu al cuerpo y eso me angustiaba. Me sentía preso y no sabía por cuánto tiempo me quedaría ahí. Miraba a mi alrededor y veía todo el oro y las joyas que rodeaban a mi cuerpo físico, sin sentir apego por tales objetos. Sabía que no me pertenecían, que no podría llevarlos conmigo. A lo lejos veía la luz de mi planeta, por lo cual sentía un deseo muy fuerte de regresar a él y redimir mis errores; finalmente, mis maestros habían confiado en mí, pues creían que yo era capaz de no quedar atrapado en las redes de la ilusión terrenal, y yo no me había hecho merecedor de esa confianza. Mucho tiempo pasó hasta que la luz de los maestros se fue acercando cada vez más a mi cuerpo-espíritu momificado, y fui llevado lentamente por ellos a mi planeta de origen. Nuevamente sentí la libertad y regresé a mi hogar, a mi Familia Cósmica, que ya me esperaba.

Mi espíritu deberá encarnar muchas veces en la Tierra, en un intento por mejorar siempre.

Sé que todavía tengo mucho que aprender y en aquella venida a la Tierra como faraón sentí la responsabilidad y el peso del conocimiento y de cómo debe ser transmitido con cautela. Ahora entiendo que, a pesar de sentir la necesidad de enseñar todo lo que aprendí, seré desviado de mi ruta para transmitir esas enseñanzas a personas que no están preparadas. Deberé ayudarlas a despertar al conocimiento que existe dentro de ellas, usando la regresión hacia algunas vidas donde dichos conocimientos fueron adquiridos.

Esa encarnación como faraón ató mi espíritu a la Tierra y fue muy importante para aprender. Encarnaré como mujer y como hombre en mis próximas vidas, toda vez que el espíritu no tiene sexo y debe pasar por experiencias diferentes para aprender las energías yang (masculina) y yin (femenina) y equilibrarlas. Enfrentaré muchos desafíos en mis próximas vidas terrenales: tendré vidas ricas y pobres, simples y suntuosas, poderosas y humildes, para conseguir el equilibrio.

VIDA INTERMEDIA: ATHÓN

Estoy nuevamente en paz, reunido con miles de seres que forman parte de mi Familia Cósmica; me reencuentro también con mi alma gemela, que me aguarda. Sé que mi esencia es yin y la de mi alma gemela es yang. A pesar de haber encarnado como hombre en mi vida como Athón, la esencia divina está relacionada con las vibraciones y no con el sexo masculino o femenino.

Ahora que estoy en el plano espiritual, visualizo todo de una manera más amplia. Cuando mi espíritu estaba en la Tierra se sentía limitado, pero aquí puede entender con claridad el por qué de algunos acontecimientos. Entiendo que realmente necesito encarnar todavía muchas veces en la Tierra para completar lo que fue iniciado en mi vida como Athón; mi espíritu asumió un compromiso no sólo con aquellos jóvenes sacerdotes, sino también con toda la civilización egipcia. Algunos espíritus que fueron conmigo también sienten lo mismo que yo y sabemos que no podemos interrumpir nuestras enseñanzas. Siento deseos de continuar lo que comencé, porque es muy gratificante observar desde aquí la continuación de mi trabajo en ese planeta. El conocimiento se fue diseminando y hoy miles de personas dan continuidad a todo lo que aprendieron. Algunos desvían las informaciones, mas la mayoría utiliza bien dichas enseñanzas.

Tendré muchas encarnaciones de diferentes formas y en distintos lugares para aprender a enseñar. Siento mucho cariño por mis amigos terrícolas y sé que muchos encarnarán en la Tierra para ayudar a la evolución del planeta, hasta que asciendan en luz y no necesiten ya descender a un cuerpo físico.

El inicio de todo ocurrió en esa vida en Egipto. Ya había estado en la Tierra otras veces y en diversas situaciones, pero no me involucré ni creé muchos vínculos, sino sólo fui para ayudar con mi vibración, como miles de otros seres han hecho antes que yo. Esa encarnación en Egipto fue diferente: a partir de ella sentí el deseo de regresar a la Tierra; además, me siento atraído por su energía y ahora no puedo bloquear mi evolución. Debo aprender no sólo por medio del conocimiento teórico, sino también con las emociones y las sensaciones: quiero sentir nuevamente amor, cariño, coraje, irritación, para poder aprender a convivir con todos esos sentimientos y tratar de mejorarlos. Cuando estaba en la Tierra comentaba que ésta es un lugar de entrenamiento, una escuela, y cuando no aprendemos las lecciones en forma directa, tenemos que volver para resolverlas cuantas veces sea necesario.

Esa concientización me da paz; por ello, en mi próxima vida encarnaré en una familia humilde, en el campo, para aprender a convivir con la simplicidad y con la naturaleza. Después tendré muchas otras vidas experimentando los opuestos, hasta llegar al equilibrio.

Ahora sólo tengo que esperar para continuar esos aprendizajes en mis próximas encarnaciones. Recibiré las instrucciones de algunas vidas en que mi espíritu vivirá en la Tierra, pues a fin de cuentas no he conseguido cumplir totalmente la misión que me había propuesto.

Después de cada encarnación terrenal iré a una vida intermedia, y cuando entienda lo que aprendí o no aprendí en cada encarnación, volveré a mi Esencia Divina para purificar mis energías con amor… tendré una vida determinante como la gitana Dorotea, para despertar mi intuición y mi percepción. En ese ínterin, los gitanos darán continuidad al tarot, a la astrología, a la lectura de las manos y a otras ciencias. Pasado algún tiempo tendré una vida en Francia, donde recuperaré todos los conocimientos que tengo ahora, más la maestría de viajar en el tiempo y en el espacio como hago hoy. Después de esa vida reencarnaré en el cuerpo de una mujer en un país nuevo y tendré la oportunidad de vivir varias vidas en una sola. Lograré cumplir los karmas que adquirí en el transcurso de mis vidas en la Tierra. Mi intención será vivenciar el karma por mi experiencia, pues esto faltó en mi vida como Athón en Egipto. En verdad, yo sabía acerca del karma en teoría y no en la práctica, y tendré que vivirlo para resolverlo. Reviviré los conocimientos que están en mi alma, mi nombre será Dulce Regina y esa encarnación será después de la vida de Luis en Francia, pero antes de regresar a la Tierra tendré que volver a mi Esencia Divina.

EL RETORNO A MI ESENCIA DIVINA

Después de todas esas encarnaciones, estoy preparado para volver a mi Esencia Divina; sin embargo, sé que en el proceso de evolución mi alma vestirá un cuerpo físico para poder estar nuevamente en la Tierra. Escogí, conjuntamente con el Consejo Cósmico, mi próxima existencia en ese planeta. Me resistí al saber que encarnaría otra vez, porque me siento muy bien en este lugar. Vivo la paz y para mí será muy difícil vestir un cuerpo y comenzar todo de nuevo.

Aprendí mucho en mi vida intermedia como Luis y ahora ya puedo regresar a la pureza de mi alma, pues, además de las vidas en la Tierra y las vidas intermedias, todavía regresaré a mi verdadero yo. La vida intermedia ayuda al alma a purificarse de toda energía que hubiese quedado impregnada en el campo áurico, minando y contaminando la pureza de nuestra esencia divina. Entonces tendré que profundizar en mí mismo en busca de la purificación de mi ser, antes de todas las encarnaciones. Entendí que siempre antes del momento en que el alma vuelva a otra encarnación en la Tierra, tendrá que pasar por esas etapas para aprender en cada una de ellas la importancia de las reencarnaciones.

Había llegado la hora de regresar a mi yo más puro y verdadero, era el momento de volver al lugar, y esto fue lo que sucedió; sólo podría retornar a la Tierra si llevase conmigo la pureza de mi espíritu. Aquella imagen de Luis se fue desvaneciendo y tuve la sensación de que subía por el centro de un rayo de luz y era conducida a un sitio muy especial. Supe que había llegado a mi destino cuando sentí una paz extraordinaria, y tuve la certeza de que volvía a mi Esencia Divina, que era yin (femenina), pura y angelical. Usaba un vestido largo muy ligero y una corona de flores blancas en mis cabellos, a la vez que flotaba en el espacio y sentía una pureza en el alma que me emocionaba mucho. Me sentí invadida por una corriente de luz, como si esa corriente eléctrica circulase alrededor de mi cuerpo, de la cabeza a los pies. Levanté los ojos y vi, descendiendo y deteniéndose en el aire sobre mí, a una figura femenina, y sentí que esa mujer personificaba el amor maternal. Tuve un deseo incontrolable de llamarla madre e inmediatamente me vi envuelta en su manto de protección. Quería quedarme ahí para siempre, porque ella se asemejaba a una persona común, pero estaba en una dimensión muy sutil y tuve la sensación de que ella me ayudaría a entrar en contacto con mi Esencia Divina, como efectivamente sucedió. Me volví parte de la luz que emanaba de ella y pude sentir su amor que fluía en mí y su perdón que disolvía mis anteriores existencias en la Tierra. Me olvidé de todo y me entregué a ella, quien me cubrió con su manto azul.

Posteriormente, entendí que ya había comprendido y resuelto en mis vidas intermedias los errores que cometí como Athón, Dorotea y Luis y en muchas otras vidas, pero el resto de mi aprendizaje debía ser vivenciado en la Tierra. Mi cuerpo sutil se volvió más ligero y mi espíritu fue conducido por mi Madre espiritual hasta una pequeña casa muy simple, limpia y pura. Me despedí de todas las riquezas que tuve en mi última vida en la corte, y en este ambiente claro y acogedor se acercó a mí un gran ángel y mi Madre espiritual me dejó a su cuidado. Ese ángel traía en los brazos un vestido azul celeste con amplias mangas, bordadas con pequeñas mariposas doradas y plateadas. Al entregarme la ropa, él sonrió y me avisó:

—Aquí está tu vestido de novia para que lo uses el día de tu casamiento con tu alma gemela.

Inmediatamente asocié ese momento con la felicidad que mi alma gemela y yo habíamos experimentado en la Tierra. El contento era proporcional a la inmensa nostalgia que sentía, pues aún me acordaba de mi vida como Dorotea y de la suya como Manolo, en la que vivimos por un tiempo la plenitud del amor terrenal y espiritual, ¡pero estuvimos muy poco tiempo juntos! Por el momento, ansiaba abrazarlo de nuevo. El ángel me dijo que él ya había reencarnado en la Tierra, en el cuerpo de un niño llamado Lucas, y que mi nombre sería Dulce Regina, que quería decir «dulce reina».

Sintiéndome extremadamente feliz, extendí el vestido de novia que simbolizaba nuestro matrimonio terrenal. Entendí que mi esencia era yin y que la última encarnación como Luis, en Francia, había sido importante para equilibrar lo masculino y lo femenino que había dentro de mí. Mi esencia era pura, así como lo es la esencia de todo ser humano, esté encarnado o no en la Tierra. Mi alma gemela reencarnó como mujer en la última vida en el cuerpo de la tierna Dafne, quien murió a corta edad.

Lo más importante de mi vida como Luis fue la oportunidad que tuve de asimilar una espiritualidad más ligera y sutil, pues no había muchos conflictos humanos, ni un conflicto íntimo y tenía la facilidad de hacer lo que quería, debido al poder que ejercía en aquella época.

También readquirí mi dignidad después de haber sido tan mancillada como la gitana Dorotea, que no tenía cómo defenderse de los poderosos. Tuve el poder en mis manos para estar del otro lado y sentir lo mismo que los poderosos. En mi vida como Dorotea, mi espíritu ansiaba tener poder terrenal y sentía cierta fascinación por la realeza. En mi vida como Luis, sentí cuán efímero es el poder y que no tenía ningún valor después de la muerte.

Mientras recuperaba toda esa información, sentí una súbita tristeza y fui transportada a otro lugar. Caminaba por una calle oscura cuando, de repente, pasé al lado de una mujer que era la imagen misma del dolor: estaba recostada, con el brazo izquierdo extendido —como si se estuviese preparando para recibir algún medicamento— y la cabeza apoyada en su mano derecha. Su piel estaba toda quemada, por lo cual sentí su profundo sufrimiento y su resignación. Aquella mujer sufría dolores físicos como jamás un ser humano podría soportar. Tuve ganas de volver atrás y ayudarla, aunque fuese sólo con palabras. Pero cuando pensé en eso escuché una voz que venía de mi lado izquierdo: «No, no regreses; la enfermedad de esa mujer es contagiosa y recuerda que elegiste casarte con tu alma gemela», pero en mi lado derecho otra voz decía: «Debes ayudar a esa mujer, no puedes abandonarla». En ese momento me detuve.

Sentí el dolor de dicha mujer en mi interior y en mi cuerpo físico y volví. La decisión estaba tomada, sujeté su mano, que estaba caliente, y le dije:

—Que Dios te ilumine y retire ese dolor de tu cuerpo para siempre, eso es lo que pido.

Y ella respondió suavemente:

—Dios ya me iluminó, ya me dio fuerzas trayéndote hasta aquí. Tú me curaste y te doy gracias por tu ayuda, por tu gesto de amor.

Su dolor me impregnó de tal forma que seguí sintiéndolo cuando regresé a mi lugar de origen. Sentí que fui empujada por una luz que me hizo volver casi inmediatamente, y ya no podría permanecer alejada del sufrimiento de aquella mujer. Sabía que ella representaba a miles de personas que yo podría ayudar a salir del sufrimiento, fuera físico, emocional, afectivo o espiritual; en aquel momento percibí que necesitaba sólo transmitir amor a todos los que encontrase en la Tierra.

Cuando miré el vestido que estaba encima de la cama, el ángel reapareció y me dijo:

—Tu decisión está tomada; ésa fue la mejor elección. Te será permitido encontrar a tu alma gemela en la Tierra por un tiempo, para que los dos despierten a ese sentimiento de amor que trasciende el tiempo y el espacio. Podrías haber elegido el vestido de novia, pero tu espíritu se hubiese estacionado, tendría una evolución menor. Tu elección fue acertada y ahora debes prepararte, Dulce Reina, para volver al cuerpo de Dulce Regina. Encarnarás en un país nuevo llamado Brasil, que tendrá una liga directa con Portugal, para que tu espíritu continúe la encarnación como Dorotea. Para que cumplas lo que no terminaste en aquella vida, regresarás a Portugal y se realizarán los ajustes necesarios en ambas partes. Te reencontrarás también con aquellos que te ayudaron en tu vida como Dorotea y con aquellos que intentaron hacerte mal. Deberás perdonarlos y alegrarte, pues los espíritus de Mikael y Mariana regresarán en los cuerpos de los hijos que tendrás en la Tierra como Michel y Ana Lucía, y ellos serán la motivación de tu vida. Vivirás para ayudarlos y concluir lo que no acabaste en tu vida como Dorotea. En cuanto a tu alma gemela, se llamará Lucas y ambos aprenderán el sacrificio de estar separados físicamente, pero unidos en lo espiritual, pues, aunque no lo sepan, se ayudarán a distancia. Aprenderás a no ser tan pasional y sí más pura y sincera.

Sentí una mezcla de alegría y tristeza; volvería a ver a los espíritus de quienes fueron mis hijos en mi vida como Dorotea, Mikael y Mariana, pero no podría estar cerca de mi alma gemela, lo cual me entristeció. Tuve deseos de renunciar y cambiar la misión que había escogido, pero una voz me dijo que no podía volver atrás: mi alma había hecho su elección. Conseguiría superar la ausencia de mi alma gemela y en compensación cumpliría finalmente mi misión con comprensión y sabiduría. Entendí que si hubiese elegido el vestido de novia me hubiera casado con mi alma gemela, con lo cual ya no estaría en condiciones ni tendría la motivación para cumplir con mi objetivo, pues mi espíritu podría conformarse y vivir sólo esa relación, lo que seguramente limitaría mi evolución.

En esa próxima encarnación tendré posibilidades de transmitir también los conocimientos adquiridos por medio de Saint Germain en mi vida como Luis, y creo que la humanidad estará más abierta a recibir y entender esa maravillosa filosofía de los maestros ascendidos. Esas explicaciones me dieron más valor para enfrentar un nuevo cuerpo terrenal; será una vida muy gratificante y rica en experiencias espirituales. Asimismo, estaré en condiciones de recordar mis vidas pasadas estando encarnada en la Tierra, y podré ayudar a la humanidad a liberar sus karmas, los cuales serían resueltos más fácilmente si tuviésemos conciencia de nuestros errores y aciertos; tales situaciones serían resueltas mientras estuviésemos encarnados. De lo contrario, nos quedaremos en el círculo vicioso del karma. Con certeza, la evolución de cada uno será más rápida y la humanidad deberá estar preparada para ello.

EL PROCESO DE EVOLUCIÓN ESPIRITUAL

Mi espíritu continuaba en busca de explicaciones para todo lo que había vivido en la corte en Francia. Percibí que tenía mucho por aprender y que cuando estaba en ese plano intermedio podía asimilar esos conocimientos sin mucho sufrimiento. Al estar en la Tierra, nuestro espíritu pasa por la emoción y, mediante ésta, por el sufrimiento, el cual es muy importante para nuestra evolución.

Llegó el momento de encarnar nuevamente; en el plano etérico está la Corte de Justicia, que es un templo enorme. El alma pasa por ese templo para recibir las informaciones acerca de su vida siguiente en la Tierra. Ahí están los señores del karma. Fue invitada a entrar otra vez en la banda de radiación de la Tierra y fui conducida por el mismo ángel que me entregara el vestido de novia. Elegí el sitio donde nacería, un país llamado Brasil, en una aldea muy sencilla en el campo. Vi a mi madre, una mujer muy bonita, con apariencia agradable: estaba junto a mis abuelos, que eran portugueses, provenientes de una pequeña aldea y que vivían en Brasil hacía ya un tiempo. Eran personas simples y muy humanas; sentí un profundo cariño por ellos y me di cuenta de que por intermedio de ellos comenzaría mi aprendizaje y la resolución de mis karmas. Mi abuelo materno se llamaba Eduardo y mi abuela Concepción. Con ellos aprendería a amar al pueblo portugués. Ella era una mujer muy fuerte y decidida, que me trajo al mundo: fue la partera de mi nacimiento y de los de mis dos hermanos mayores; además, ella no tenía miedo de nada, pues era muy valiente. Mis dos hermanos me esperaban. Por su parte, mi abuelo era muy cariñoso y puro de alma, de modo que siempre tuve un vínculo muy profundo con él; sin embargo, no conseguía sentir a mi padre ni saber quién era, pues parece que no tenía mucha liga espiritual con él. Fui descendiendo lentamente al plano de la Tierra y absorbí la energía de mi madre. Parecía que ella no estaba muy satisfecha con mi llegada; se mostraba insegura, porque su matrimonio no había funcionado muy bien y mi padre se ausentaba con frecuencia. Tuve miedo, en virtud de que no me sería fácil adaptarme a esa vida terrenal. Allá de donde venía, todo era puro, mientras que la energía de la Tierra era densa y pesada. La simplicidad de mis abuelos me encantaba, pero la inseguridad de mi madre me asustaba. Pedí fuerza para comenzar todo de nuevo y no quería venir, pues me sentía mejor donde estaba.

Ese descenso a la Tierra fue muy traumático: al nacer, mi abuela estaba presente ayudándome a renacer, mientras que mi padre también me esperaba; asimismo, vi a mis hermanos y sentí cierto distanciamiento de ellos respecto a mí, y parecía que yo llegaba en una época difícil para todos.

Llegué llorando y gritando mucho; tenía miedo a no poder realizar todo lo que mi espíritu se había propuesto cuando dejé el vestido de novia y elegí ayudar a aquella mujer. Fue una elección difícil, pero necesitaba despojarme de las riquezas de mi vida en la corte, tenía que aprender a luchar por mis derechos, y así lo hice desde muy temprano, pues tuve que enfrentar a mis hermanos en la lucha por la vida. Fue una vida difícil: parecía que siempre estaba en el lugar equivocado; me sentía desubicada, sola, como si aquel mundo no fuese el mío…

La regresión como instrumento de cura

MI VIDA ACTUAL

8 de julio de 2003: Dulce Regina es una mezcla de Athón/Lucía/Dorotea/Luis y de muchas otras personalidades del pasado.

Cuando era joven, en mi vida actual, seguía con ese sentimiento angustiante de que no pertenecía a este mundo. Muchas veces me aislaba de todos y me iba al campo para estar en contacto con la naturaleza y los animales. Miraba el cielo y contaba las estrellas, pedía protección a la Luna y me sentía plena en esos momentos, pero esto duraba poco. Luego escuchaba la voz de mi madre, quien me llamaba para que ayudara en la casa.

Un día estaba frente al espejo, pues me gustaba mucho mirarme, y vi atrás de mí, reflejada en él, la imagen de una mujer muy bella que pasaba sus manos por mis cabellos. Sentí mucha paz y nostalgia de mi hogar espiritual. Cuando estaba triste recordaba la sensación que me provocara ese gesto, y me sentía bien y feliz. Siempre soñaba y pensaba en encontrar un gran amor. Para mí, lo más importante en la vida era encontrar a mi alma gemela, que yo sabía que existía y que me esperaba en algún lugar.

Al mismo tiempo, no conseguía hallarme estática, porque parecía que el tiempo era demasiado corto para mí. Tenía prisa, sabía en mi interior que había una misión que cumplir, pero no sabía cuál era; incluso así, ayudaba a todos los que estaban a mi alrededor, principalmente a las personas más humildes; me llevaba a casa a las criaturas que encontraba en las calles, para cuidarlas y alimentarlas. Me sentía muy feliz cuando eso pasaba, y continuaba siempre a la espera de mi alma

153

gemela, hasta que ese día llegó y toda mi existencia se transformó a partir de dicho momento.

Agradecí a Nuestra Señora por haber escuchado mis peticiones; le había rezado pidiéndole ese encuentro, pero dentro de mí existía la certeza de que no estaríamos juntos, lo cual me angustiaba.

Afortunadamente, todo ese sufrimiento ya pasó; a causa de ese reencuentro con mi alma gemela, despertó toda mi espiritualidad y sólo puedo agradecer a él y a todas las personas que pasaron por mi vida. Ellas fueron el instrumento para mi evolución. Hoy ya no siento amargura ni enojo, sino que me encuentro muy feliz y realizada por no haberme desviado de mi elección espiritual, y porque mi alma gemela cumple sus karmas y yo mi misión. Sólo tengo que agradecer a Dios por la oportunidad de absorber todas esas enseñanzas del plano divino, y espero continuar mi misión durante el resto de mis días aquí en la Tierra.

Hace varios años siento el deseo de escribir un libro acerca de mis experiencias con la regresión. Al principio pensé en realizar este trabajo con alguien dispuesto a pasar por tal experiencia de una manera más profunda, pero para que eso sucediera podría haber alguna dificultad que imposibilitase la publicación de dicho material. De repente comencé a escribir lo que había ocurrido conmigo en ese análisis de mis vidas pasadas, y lo mostré a algunas personas amigas que me motivaron a publicar mis experiencias. Como viví intensamente cada regresión que hice y conozco todos sus pormenores, aunado a la experiencia en Portugal, sentí que había llegado el momento de que eso sucediera, y un día las ideas comenzaron a fluir naturalmente. Este libro es el fruto de esas experiencias de veinte años con la regresión.

Todo pasó siempre en mi vida de una manera muy impredecible, por ejemplo: nunca conseguí programar mi profesión. Desde muy joven sentía que tenía una misión que cumplir en la Tierra, que debía ofrecer algo a la humanidad; pero en aquella época no sabía cómo, ni por qué esa sensación estaba tan presente en mí.

Me cuestionaba acerca de la vida: ¿por qué sufren las personas? ¿Por qué existe tanta desigualdad en el mundo? ¿Por qué algunas personas son pobres y otras nacen en cunas de oro? ¿Por qué algunos nacen ciegos y enfermos y otros perfectos? Como no encontraba respuestas a esas preguntas, comencé a interesarme en la doctrina de la reencarnación. Para ello, estudié diversas escuelas: comencé con el espiritismo y me encontré con la filosofía hindú. Durante muchos años leí, estudié, investigué y después tomé el camino de la astrología. Pero antes que nada, quería resolver mis problemas existenciales. Entonces, empecé a asociar los conocimientos que adquirí en astrología kármica con las técnicas de regresión.

Necesitaba entender por qué vivía siempre insatisfecha con todo y con todos, no aceptaba los valores de las personas que me rodeaban, que sólo pensaban en el estatus, en el dinero y en lo que dirían los demás. Vivía muy reprimida y enojada, parecía que ese mundo era muy pequeño para mí. Yo quería saber más tanto de lo que aprendía en la escuela, como sobre la vida y no sólo lo que encontraba en los libros. Siempre fui muy auténtica y eso molestaba a las personas que se me acercaban. Parecía que el mundo estaba en mi contra; sabía que yo no era una persona fácil, pues no aceptaba lo que me decían pura y simplemente, y esto me creaba conflictos familiares. Claro que yo estaba triste y me sentía desamparada con tal situación, pues me hubiese gustado que las personas me respetasen, me apoyaran y creyesen en mí, pero no lograba transmitir mis verdaderas intenciones, quizá por mi impaciencia y ansiedad —quería todo rápidamente, parecía que todo era obvio, pero ¿por qué nadie me comprendía?

Desde niña trataba de mejorar mis tensiones mediante ejercicios de relajamiento que yo misma creaba, y buscaba orientación en libros de autoayuda. Tenía la sensación de que necesitaba calmar la turbulencia de energía que existía dentro de mí, lo cual no era muy fácil, porque pasaba por altibajos como todo ser humano, mas había una certeza en mi interior: debía amarme, valorarme. Para poder estar bien con otros, tenía que estar bien conmigo misma.

En mi juventud comencé a interesarme por la historia de la humanidad y su desarrollo. Aspiraba a ser maestra y como tenía también mucho interés por la lectura, opté por estudiar un curso de biblioteconomía, pues así estaría más en contacto con los libros. Nunca ejercí mi profesión, sino que estuve mucho tiempo perdida en cuanto a lo que debía hacer; nada me interesaba profundamente; intenté realizar varios trabajos y más diversificados, pero no lograba encontrarme en ninguno. Al mismo tiempo, quería casarme y tener hijos; esa era también una de mis prioridades y realmente sucedió. Hoy tengo dos hijos maravillosos: Michel y Ana Lucía.

Aun estando casada y con hijos realizaba algunos trabajos voluntarios; mi deseo de la infancia persistía fuerte en mí. Por ello, trabajé en la Febem, en el Hospital del Cáncer, en varias guarderías, en la Asociación de Asistencia a Criaturas Discapacitadas (AACD), siempre con niños huérfanos o enfermos. Al principio también encontré gran dificultad para transmitir mi mensaje de amor; sin embargo, después de muchas tentativas conseguí iniciar un trabajo de relajamiento con profesores y con niños de diversas entidades, y los resultados fueron fantásticos.

Mi proyecto siguiente es escribir libros para niños y distribuirlos en escuelas públicas, llevándoles un mensaje de fuerza y coraje.

Hoy trato de no estar ansiosa y esperar que las cosas sucedan. Aprendí a entregar mis proyectos al plano espiritual y, si son para bien, que se realicen. Parece que cuanto más intento programarme, más cosas toman un rumbo diferente del que yo me había propuesto. Cada persona reacciona de manera distinta y algunas no alcanzan sus propósitos cuando se programan. En el transcurso de mi vida he aprendido la gran lección de la entrega; cuando no sé qué camino tomar, digo: «Hágase tu voluntad, Padre, no la mía», y entrego mi vida al plano espiritual. Sé que también debo actuar, pero creo, en lo más profundo de mi ser, que cuando intento racionalizar demasiado mis actitudes, me encierro en mí misma y no consigo salir del lugar. Percibo que algunas actitudes son internas, que deben partir de dentro de mí, lo cual trato de respetar en mis hijos. Procuro dejar que ellos busquen su camino, porque siempre que intenté influir en ellos respecto de alguna situación, ocurría exactamente lo contrario, para que yo aprendiera que no puedo ni debo interferir en el libre albedrío de nadie, ni siquiera en el de mis hijos.

Muchas veces, esa actitud de entrega genera cierta angustia, y con frecuencia me pregunto si voy por el camino corriendo o si sólo dejo que las cosas fluyan. Incluso así siento que cuando verdaderamente me entrego, todo sale bien y sigue un rumbo que no sé explicar muy bien.

Recuerdo cuando comencé mi trabajo con la regresión: primero yo misma había pasado por el proceso. Durante dos años regresé al pasado todas las semanas y parecía que no llegaría a ningún lado. Surgían miles de informaciones y yo no sabía cómo trabajar con ellas, hasta que un día pensé: «No, ése no es el camino, tengo que buscar en las encarnaciones anteriores las explicaciones más importantes, y no investigar aleatoriamente. Estoy segura de que todas las emociones más profundas quedan registradas en el cuerpo emocional y, si ese registro está dentro de mí de una forma traumática, debe ser liberado. El mejor camino es volver a esa emoción y purificar la energía que se quedó estancada». Llegué a la conclusión de que no se gana nada con rememorar el pasado sin que haya un motivo más concreto para hacerlo.

Entonces empecé a investigar mi mapa —ya había profundizado en la astrología kármica— y pude percibir que algunos de sus aspectos eran muy fuertes y que debía resolverlos. Busqué en mi interior las respuestas a todo eso. Pedí ayuda a las personas que estaban en la misma armonía que yo y comencé esa búsqueda interna. Analizaba cada aspecto en mi mapa que me mostraba un karma mal resuelto, y entonces intentaba profundizar en aquella sensación en busca de respuestas que bloquearan dicha área.

Actualmente sólo realizo ese retorno al pasado conmigo misma cuando realmente siento la necesidad de hacerlo. Aprendí que sólo consigo acceder a esas informaciones por merecimiento, mas no por simple deseo.

Continué realizando mi trabajo como astróloga kármica y nunca pretendí, conscientemente, trabajar con la regresión, pero la vida y las circunstancias me encaminaron para que yo asumiese ese papel. Me resistí bastante, pues conocía el peso y la responsabilidad de tocar y despertar el inconsciente de las personas. Atendí casos muy complicados y cuando interpretaba los mapas sentía que podría ayudar de alguna forma. Como tenía cierta práctica con trabajos de relajación, porque utilizaba esa técnica desde niña y en los cursos que impartí en Febem, sabía que podría auxiliar a las personas en su interiorización para que buscaran sus respuestas. A partir de ahí comencé a realizar un trabajo de regresión —en algunos casos, los conflictos y traumas de la infancia influyen negativamente en la vida de las personas cuando son adultas— y con esas experiencias empecé a darme cuenta de que existía algo más profundo, que no eran conflictos actuales, pero incluso sin intentar nada en ese sentido algunas personas comenzaron a regresar espontáneamente a otras vidas, sin que yo tuviese control alguno de la situación. Entonces tuve la necesidad de profundizar en el asunto.

REGRESIONES ESPONTÁNEAS

La primera situación que enfrenté, relacionada con la regresión, fue cuando el hermano de una amiga me buscó: estaba en una depresión profunda, con tendencias suicidas, y me propuse ayudarlo. Para ello, interpreté su mapa y sugerí algunas sesiones de relajación, en una de las cuales él regresó a una vida pasada.

Comenzó a decir que estaba en un lugar muy caliente, donde había mucha arena y él era un ladrón de joyas que había robado mucho oro y no sabía cómo esconderlo. Fue caminando por el desierto hasta llegar cerca de unas pirámides enormes; sin embargo, estaba tan cansado que cayó, sintiendo mucha sed. En ese momento quiso quitarse la ropa debido al intenso calor que sentía, como si fuese quemado vivo. Intenté calmarlo, pero aun así él gritaba que se sentía muy culpable, decía que era un castigo por haber robado y quería devolverlo todo.

No tuvo tiempo de hacerlo: murió en aquel sitio, con las joyas a su lado. Al principio me asusté, pues no sabía lo que ocurría. Enseguida asumí mi papel y lo ayudé a salir de aquella situación. Fue una experiencia muy desgastante y en el momento en que él regresaba, sentí las manos invisibles de los maestros sobre mi cabeza y un escalofrío recorrió mi cuerpo: ellos estaban junto a mí, ayudándome.

La depresión actual de aquel hombre se relacionaba con un profundo sentimiento de culpa porque era mantenido por su madre, y tenía mucha dificultar para lidiar con el dinero. Nunca se sentía merecedor de lo que ganaba. En esta vida era psicólogo y no sabía cobrar por su trabajo. La culpa generaba un sentimiento de incapacidad, todo lo cual formaba un círculo vicioso: cuanto más se culpaba, más dependía de su madre y más mal se sentía. Con eso entraba en depresión y no lograba ayudar a nadie, ni a sí mismo.

Realizamos el trabajo de perdón y cambiamos la imagen en su inconsciente; poco a poco salió de aquel estado en que se encontraba y su vida comenzó a mejorar.

Muchas personas vinieron con problemas parecidos y yo trataba de ayudarlas. Me acuerdo de una doctora llamada Marcela, que presentaba un cuadro depresivo extremadamente severo. Cuando estaba en crisis, se arrancaba los cabellos, pero ése era sólo uno de los actos violentos que ella practicaba contra sí misma. Cuando me buscó estaba totalmente escéptica y ya había seguido tratamientos en varios lugares, incluso en Francia. Interpreté su mapa kármico, que reveló detalles muy importantes de su última encarnación; ella había vivido en la Segunda Guerra Mundial. Constaté también que el año en que su espíritu estuvo en la Tierra por última vez correspondía a esa época y que el país era Alemania.

Después de ver el mapa, le propuse que hiciésemos una relajación para calmarla. Ella comenzó a regresar espontáneamente y, sin que yo la indujese, se sintió dentro de un agujero y dijo que algunas personas lanzaban tierra a su cuerpo. En ese momento ella entró en pánico y comenzó a arrancarse los cabellos desesperadamente, porque estaba siendo enterrada viva. Me asusté cuando miré su vientre y vi que crecía y se hinchaba; entonces la ayudé a limpiar aquella escena de su mente, para lo cual utilicé la llama violeta, quemé la imagen y la tranquilicé. Poco a poco ella fue regresando y a partir de ahí dejó de arrancarse los cabellos.

La regresión fue, es y siempre será para mí un instrumento de curación, pues todos sabemos que una de las mayores dificultades que enfrentamos en este siglo es, sin duda, la acumulación de sentimientos negativos como el miedo y la ansiedad. Esos sentimientos perturban nuestra vida a cada momento y en todo lugar. Todos cargamos también con sentimientos de culpa y con un cerval miedo al futuro. Tenemos miedo a los asaltos, a no conseguir el dinero para nuestro sustento, a quedarnos solos, todo lo cual genera ansiedad que, acumulada, da origen a miles de conflictos, como el síndrome de pánico, la depresión y la angustia. Todas esas personas que sufren tales enfermedades psicológicas necesitan ayuda y actualmente existen muchas terapias alternativas para satisfacer las necesidades de cada uno.

Lo cotidiano nos plantea nuevos desafíos y muchas veces estamos tan angustiados y preocupados que no logramos resolver lo que está extremadamente claro y visible ante nosotros. Sabemos que no podemos huir de la realidad, las negatividades están presentes en todas partes, no conseguimos sentir seguridad en ningún sitio y los problemas continúan, pero enojarse no resuelve nada. No debemos reclamar ni sentir miedo, sino aprender a protegernos espiritualmente —ése es el primer paso para que podamos vivir en paz. Es necesario abrir nuestros canales para liberarnos de cualquier conflicto que nos impida llegar adonde tenemos que llegar.

Mi experiencia como ser humano demuestra que miles de personas se sienten frustradas en su trabajo o profesión; muchas otras se sienten infelices en el amor, y esas situaciones pueden consumir las energías de una manera tan profunda, que muchas veces las personas se entregan a las drogas o a la bebida para olvidar sus problemas. Otros se cierran y soportan a solas sus angustias, sin nadie que los apoye, ni que los ayude. Y yo me pregunto: ¿cómo está la autoestima de esas personas? Cuando realizo un trabajo de regresión, el objetivo es ayudarlas a liberarse de esos miedos, inseguridades y culpas registradas en sus almas, provenientes de estas vidas y de otras.

La regresión es una de las maneras de entrar en contacto con nuestro yo más profundo, con nuestra esencia, y poder así crear muchos beneficios en nuestra vida, al liberar sufrimientos y hasta neutralizar traumas. Todos sabemos que nacemos y morimos solos y que somos responsables de nuestro destino; cuando sembramos un karma negativo, sólo nosotros podemos transmutarlo.

Después de muchos años de experiencia, he organizado mi trabajo para conseguir resultados más rápidos y eficaces, ayudando a mis pacientes a despertar a su interior.

En un primer momento, el objetivo de la regresión es traer al consciente todas las negatividades del pasado; las emociones intensas que quedaron registradas en el cuerpo emocional pueden acompañarnos no sólo en esta vida, sino también por varias encarnaciones. En consecuencia, muchas personas sienten miedos injustificados, para los cuales no existen explicaciones racionales. Muchas veces, en la regresión se encuentran las respuestas para incontables problemas físicos y emocionales que afligen al ser humano sin que haya para ello explicaciones plausibles. La regresión permite a las personas liberarse de las negatividades de un pasado repleto de culpas, miedos, odios, tristezas, angustias y carencias.

A lo largo de mi vida pasé por numerosos procesos de aprendizaje y en repetidas ocasiones fui en busca de respuestas externas; hoy sé que debo investigar mi interior para encontrar mi identidad, y la regresión es exactamente eso: una inmersión dentro de mí misma, de mi ser.

En estos últimos veinticinco años de experiencia y después de atender a más de 35 000 personas, tengo la certeza de que puedo ayudar mucho a quien quiera buscar su autoconocimiento. Mi función consiste en auxiliar a cada uno a sumergirse dentro de sí mismo en busca de sus respuestas interiores.

Hemos mostrado que el alma revive muchas existencias humanas, de tal modo que adquiere algunas habilidades y fortalece su poder de evolucionar. Al equilibrar su patrón energético, el alma se vuelve más completa. Si alguna parte de su desarrollo fue descuidada, regresará a la vida a fin de aprender las lecciones que no fueron asimiladas en otras encarnaciones; el cuerpo físico es una vestimenta para el espíritu. Relacionada con la reencarnación se encuentra la ley del karma, que consiste en la ley de causa y efecto, o de acción y reacción. El karma nos enseña las lecciones que debemos aprender en esta vida, y además es una oportunidad de crecimiento, pues todo lo bueno o malo que hacemos puede ser contrabalanceado.

Dado que nuestro espíritu reencarna dentro de grupos, es común reencontrarnos con personas con quienes compartimos experiencias en otras vidas, con lo cual podemos resolver lo que quedó pendiente. Por lo general, reconocemos cuando sentimos simpatía o antipatía por personas que encontramos por primera vez, y experimentamos sensaciones de confianza o amor o de desconfianza y coraje sin motivos aparentes, por lo que las viejas enemistades pueden ser ajustadas y los viejos amores despertar y hacerse más bellos. Como es así, percibimos que nada se pierde ni se desperdicia y que al final todos llegamos al mismo grado de perfección, a pesar de hallarnos en distintos periodos de evolución. Por ello, no debemos juzgar, pero sí aceptar a las personas como son.

En una sesión de regresión nos acordamos sólo de momentos de mucha intensidad emocional; el objetivo es sacar esas emociones, intentando así liberar todo lo negativo y haciendo espacio para que se instale la energía positiva.

No debemos culpar a nuestros padres de nuestros problemas, porque somos dueños de nuestro destino y cosechamos exactamente lo que hemos sembrado; el efecto de la causa: el karma. De esa forma podemos darnos cuenta de que no existe la injusticia, ni ningún tipo de azar, sino sólo merecimiento. Nosotros elegimos nuestras lecciones y atraemos aquello que merecemos.

Dicha astrología es la unión de todos esos conceptos. Al observar la carta natal, podemos detectar tanto nuestros karmas individuales, adquiridos en otras encarnaciones, como el karma entre los individuos, comparando las fechas de nacimiento de las personas involucradas. No es por casualidad que nacemos en un cierto lugar y a una hora determinada, ya que escogemos las lecciones que debemos aprender. Incluso si nacemos por cesárea, el espíritu debe pasar por aprendizajes, y lo más importante es el momento de la primera respiración, cuando todo es programado por el plano espiritual.

Para no desviarnos de nuestro camino, los astros nos impulsan hacia esos aprendizajes, los planetas nos envían vibraciones y el mapa es diseñado a partir de la primera respiración. Mediante la astrología kármica tenemos la oportunidad de despertar a aquello que nuestro espíritu vino a realizar en la Tierra.

El mapa natal

Este mapa es una fotografía del cielo en el instante exacto del nacimiento. Está diseñado según la posición de los astros en el momento de la primera respiración, cuando la criatura se convierte en un ser independiente de su madre. Para la elaboración de ese mapa, tomamos a la Tierra como el centro de nuestro sistema, porque es el punto de referencia donde sucede el evento. La observación del cielo nos hace percibir la correlación de los movimientos astrales con la vida en la Tierra.

Para conocer la astrología es importante entender la afirmación: «como es arriba es abajo», atribuida a Hermes Trismegisto, gran maestro que vivió en Egipto en la Antigüedad. Eso significa que el macrocosmos es igual al microcosmos. Como es así, todo lo que ocurre en el cielo se refleja en la Tierra —esa noción de unidad del universo es la base de la astrología.

Ésta es una de las incontables formas posibles de interpretar la influencia de los astros en nuestra vida. Me gusta referirme al mapa astral kármico como Diagnóstico Espiritual, pues traza una historia de las encarnaciones de esa alma.

En mi trabajo realizo dicho proceso en varias fases. La primera consiste en diagnosticar los karmas mediante la interpretación del mapa astral kármico, para lo cual utilizo la astrología como un instrumento que, para mí, ha sido altamente eficaz.

Una vez interpretado el mapa, puedo detectar de dónde proviene la raíz de los conflictos: si de esta vida o de otras encarnaciones. El primer paso es tratar de entender la causa, saber el origen de algunos miedos irracionales que no se consigue explicar. ¿Por qué una persona tiene miedo al agua? ¿De dónde se origina su pánico a hablar en público? ¿De dónde surge el miedo a la oscuridad?, ¿el miedo a ser engañado? ¿La dificultad para comunicarse? ¿Cuál es el origen de los conflictos: la infancia, o acaso esas dificultades provienen de más lejos, de un pasado más alejado? ¿De otras vidas?

El mapa astral es un Mandala, un círculo sagrado, que representa el diseño del cielo en el momento de nacer. Está dividido en doce casas que representan los sectores de nuestra vida, comenzando por el signo ascendente, que es la primera casa, y terminando con el duodécimo, que es la casa del karma, la cual muestra el lugar y la época en que el espíritu estuvo encarnado por última vez en la Tierra. El mapa astral kármico es un diagnóstico espiritual de otras encarnaciones, tanto de las experiencias positivas como de las negativas.

Limpieza kármica

A partir de ese diagnóstico espiritual diseñé una técnica de limpieza kármica al percibir que no bastaba con decirles a las personas cuáles eran sus karmas, sino que debía ayudarlas a liberarse de ellos. Ese trabajo puede ser realizado con algunas sesiones de relajación consciente, en las que dirijo a la persona para liberarse de sentimientos de amargura, ira y tristeza registrados en su cuerpo emocional.

Concluí que para modificar nuestro patrón kármico, tenemos que transmutar los sentimientos negativos y transformarlos en positivos, para no entrar en el círculo vicioso del karma.

Son considerados aspectos de resistencia dentro de ciertos niveles de conciencia, que se contraponen con otros niveles o planos. En astrología kármica, representan a los karmas adquiridos en otras encarnaciones y son los desafíos actuales. Constituyen un exceso de energía que generó desequilibrio en vidas pasadas y que provocó el karma negativo. Es a través de estos aspectos que tomamos conciencia de aquello que debemos cambiar dentro de nosotros.

RELACIONES KÁRMICAS

Una relación entre dos personas no es meramente carnal, ni obedece a leyes hechas por el hombre, sino que es la esencia de los sentimientos de las personas entre sí. Así, no sentimos atracción por alguien casualmente, sino que ese sentimiento mutuo, en el caso de la atracción o enemistad intensa, es una continuación de contactos realizados en encarnaciones pasadas y puede manifestarse con claridad, independientemente de la edad o el sexo.

En el transcurso de mi trabajo me di cuenta de que los vínculos intensos entre las personas no pueden surgir de un único contacto entre ellas, sino que el primer contacto fue vivido en el pasado y la relación, sea de amor o de odio, tiene continuidad en esta vida como si nunca hubiese sido interrumpido. Una de las formas posibles de resolver cualquier relación kármica entre las personas es la realización. Por ejemplo, una persona que en otras vidas fue muy autoritaria atraerá kármicamente a individuos egoístas y posesivos, que pueden estar representados por un jefe, padre, hermano, marido, etcétera.

Por lo común, habrá aspectos difíciles entre los planetas en el mapa astral de las personas involucradas, quienes sentirán temor, culpa o ira, sin motivo aparente. Siendo así, reencarnarán dentro del mismo grupo para que la convivencia diaria las obligue a liberarse de esa deuda. Si acaso no lo consiguiesen en una reencarnación, los espíritus tienden a repetir los patrones —con la certeza de reencontrarse en otras vidas para tener la oportunidad de lograr esa purificación.

Debemos recordar que cada circunstancia de nuestra vida, sea de alegría o de tristeza, es una prueba y tenemos que hacer el máximo esfuerzo posible para aprovechar esa oportunidad de evolucionar.

MAPA ASTRAL DHÁRMICO

Este mapa nos muestra los dones adquiridos en otras vidas y nos ayuda a transformar el karma al modificar nuestra manera de actuar y al cambiar lo negativo en positivo. Asimismo, perfecciona la relación positiva entre las personas cercanas, nos indica cómo podemos ayudarnos unos a otros y es útil también para desarrollar nuestras cualidades.

REVOLUCIÓN SOLAR

El futuro está en nuestras manos y la Revolución Solar, que se realiza anualmente, ayuda a saber cómo utilizar las energías que vienen hacia nosotros para aprovecharlas mejor.

La Revolución Solar es una orientación mes a mes, con el objeto de ayudar a las personas a tomar decisiones conscientes en los momentos más oportunos. Con eso se evitan nuevos errores, lo que impide la generación de nuevos karmas. Por ejemplo, etapas de agresividad, rompimientos que pueden ser evitados, periodos negativos para invertir que pueden conllevar una pérdida posterior. Además, claro, debemos estar atentos para aprovechar los periodos positivos en la realización de nuestros objetivos.

La Revolución Solar proporciona el horario de su renacimiento astrológico, el momento en que las energías astrales estarán dirigidas hacia uno con mayor intensidad. En este horario, es importante estar conectado a las energías positivas y a nuestros maestros.

Esa interpretación debe ser asociada al mapa astral kármico, cuando se verifica el tránsito de Saturno.

EL SEÑOR DEL KARMA

El planeta Saturno es el señor del karma, y la casa donde se encuentra en el mapa astral kármico muestra lo que es preciso enfrentar en la vida actual, es decir, representa un área no cumplida en el pasado. Ahí estarán concentradas las pruebas más difíciles, pero de mayor aprendizaje; además, indica dónde están más latentes los deberes y las responsabilidades y por qué no se debe huir de ellos. Muestra también cómo se deben trascender los karmas. Los aspectos negativos de Saturno con otros planetas señalan la totalidad de los karmas adquiridos en varias encarnaciones, a la vez que generan miedos y bloqueos que deben ser enfrentados y resueltos. Cuando Saturno está retrógrado en el momento de nacer, indica dónde no evolucionó el individuo, esto es, el área donde se quedó preso durante muchas encarnaciones, y la experiencia negativa que repitió vida tras vida.

Cuando Saturno transita por nuestro mapa, podemos tomar conciencia de nuestros deberes y responsabilidades; permanece durante dos años o dos años y medio en cada casa. En relación con los planetas personales, permanece durante un año, más o menos, cobrando las lecciones de determinado aspecto, y ese tránsito ocurre cada siete años; en ese periodo, dependiendo de nuestros karmas en dicha área, sentimos que la energía de Saturno nos impele a resolver situaciones no resueltas, y si nos resistimos a su presión, atraeremos situaciones externas que nos impulsarán a hacer esos cambios.

Los momentos turbulentos suelen acontecer durante los tránsitos de Saturno. Entonces, pregúntese siempre el lector: «¿Cuál es la lección que debo aprender en este momento?» Así como Saturno cobra la resolución de nuestros karmas, también nos libera de ellos y es el gran maestro, el padre severo, pero también el gran liberador. Después de cada tránsito de Saturno por su mapa, el lector jamás será el mismo, pues él le mostrará sus límites, presentando la realidad del mundo material; le enseñará también las áreas que el lector debe enfrentar con pruebas más difíciles.

Por estas razones, siempre utilizo en mi trabajo el mapa astral kármico como medio. Así como un médico homeópata usa la astrología para ayudarse a entender mejor a su paciente y un cirujano utiliza los exámenes médicos para saber dónde está el tumor, yo empleo el mapa para realizar la regresión, ayudando a que las personas lleguen más rápidamente a sus conflictos. Si conseguimos llegar a la raíz de nuestros karmas en el trabajo de regresión, avanzaremos en un proceso de autoconocimiento que podría llevarnos años o incluso vidas.

¿CÓMO LIBERAR EL PASADO Y VIVIR EL PRESENTE?

En la primera etapa acostumbro hacer tres sesiones de regresión consciente. En la primera, el paciente regresa a su vida infantil; sin embargo, muchos pacientes no quieren revivir esa fase —retornar a escenas dolorosas de su vida de niños— por miedo a lo que sentirán. Desean ir más lejos, más profundo, con lo cual creen que resolverán rápidamente sus conflictos. Quieren huir de algo que muchas veces no consiguen profundizar.

Hoy afirmo con absoluta certeza que mientras no nos liberemos de nuestro pasado, nuestro espíritu no seguirá adelante ni evolucionará, porque somos el reflejo de nuestro pasado y no podemos negarlo. Todas las experiencias, buenas o malas, provienen de aquello que vivimos, de lo que escuchamos de nuestros padres, de nuestros amigos o de nuestros enemigos. No podemos huir de nuestro pasado, sino que debemos tomar conciencia de él y resolverlo. No sirve decir: «el pasado ya pasó, por lo cual no me interesa, quiero vivir el presente». Aunque esto es muy válido, pues no podemos vivir en función del

168

pasado, tenemos que asumir lo que sembramos. Sea en ésta o en otras vidas, todos tenemos sentimientos de culpa, amarguras, resentimientos, iras contenidas.

¿Cuántas veces dejamos de hacer aquello que queríamos, dejamos de expresar lo que sentimos? Mientras tanto, esos sentimientos se quedaron arraigados en nuestro ser y se van acumulando cada vez más. Nuestro cuerpo comienza a sentir la manifestación de esa acumulación y la transforma en enfermedades. Muchas veces creemos que aquello que vivimos en la infancia no parece tener importancia hoy, pero es seguro que nos marcó profundamente.

Con todo, mi experiencia demuestra que, además de que la mayoría de los problemas actuales provienen de nuestra adolescencia o de nuestra infancia, son más profundos y se generan también de registros en nuestro inconsciente de vidas pasadas. Antes de regresar a una vida anterior, es necesario pasar por las etapas de esta vida, pues con certeza todos tuvimos algún sentimiento negativo en nuestras vidas, como lastimar a alguien, culparnos por algo que hicimos o dijimos, en fin, debemos volver al pasado para liberarnos de él.

En esa primera sesión, la persona conoce mi trabajo, adquiere más confianza, tiene contacto con su Yo Superior y retorna a escenas determinantes y que muchas veces se hallan en su consciente, es decir, escenas que recuerda o que se presentan cuando vive una situación semejante a aquella que causó algún trauma en el pasado. Situaciones de vergüenza o de inseguridad son más nítidas en ese momento, con lo cual se presentan también sentimientos respecto de los padres, los hermanos, las personas más próximas; después de ese retorno aparecen también la emoción y el deseo de liberarse de esos sentimientos limitantes. Siempre digo a las personas que me buscan que no voy a resolver sus problemas, sino sólo voy a ayudarlas a sumergirse en su interior, y con eso liberar todo lo que está contenido en su ser.

Después de la liberación de las tristezas y angustias trabajamos el perdón, ya sea el perdón a sí mismo o con respecto a otras personas. El perdón es fundamental. Si alguien sufrió violencia física en la infancia por su padre, madre u otra persona, ese sentimiento de ira le acompañará por mucho tiempo, y muchas veces la persona podrá tener reacciones agresivas contra su padre o madre cuando sea adulta, sin entender el motivo. En dicho momento ayudo a la persona a perdonar y a desechar todo sentimiento negativo acumulado, intento mostrarle que aquellas personas no tenían conciencia de lo que estaban haciendo y que, aun si la tenían, en algunos casos podría ser algún rescate kármico necesario para la evolución espiritual de ese individuo.

Una vez desechado lo que estorba, ayudo también a transformar lo negativo en positivo, volviendo a ver aquella escena y cambiándola. Creo que, para desechar lo negativo, la mejor manera es colocar imágenes positivas de esa situación para establecer un equilibrio.

Esa primera sesión es una gran liberación y la persona comienza a sentirse mucho más ligera. En la etapa siguiente, utilizo la llama violeta para transmutar las energías negativas.

Siempre digo que para atraer una energía positiva debemos liberar primero la energía negativa, con el fin de hacer espacio en nuestro ser para que la energía positiva penetre. Algunas personas sienten miedo a hacer la regresión, otras no quieren sumergirse en el pasado y otras más realizan la primera sesión de regresión y creen que no lograrán volver a otras vidas.

Normalmente, en la primera sesión regresan a situaciones que ya vivieron y entonces creen que no hicieron una regresión; sin embargo, trato de explicarles que el objetivo es precisamente ése y que es necesario recordar tales momentos para liberar los sentimientos y las emociones que quedaron registrados en el cuerpo emocional. Muchas veces las personas esperan que ocurra un milagro, es decir, que todos los problemas se resuelvan simplemente con una sesión de regresión, lo cual no es posible; después de desechar esas emociones negativas se requiere un cambio en la actitud hacia la vida. Es preciso comprender que ningún profesional cambiará su vida a menos que lo haga usted mismo; por lo tanto, para algunos el resultado es fantástico y para otros es frustrante, pues esperan acontecimientos sobrenaturales, cuando en verdad todo es muy simple y no existe nada de sobrenatural en una sesión de regresión.

Creo que quien pasa por dicho proceso debe estar preparado; pero muchas veces no es cuando se quiere, sino cuando se tiene el merecimiento de conocer la causa para poder liberarse. Una regresión es mucho más de lo que se piensa: es un trabajo de purificación del alma.

ALGUNAS EXPERIENCIAS

Bloqueos emocionales: Realicé un trabajo con un muchacho que casi no hablaba y apenas emitía algunos sonidos. Su hermana me buscó y por ella supe que él había nacido sin ningún problema y que hasta más o menos los siete años se comunicaba normalmente; sin embargo, la tartamudez se agravó en su adolescencia. Después de mucho esfuerzo, él consiguió entrar en la Facultad de Medicina, pero no estaba en condiciones de proseguir sus estudios, pues en los exámenes orales se ponía nervioso y quedaba imposibilitado para hablar. Esa situación se fue agravando de tal modo que llegó un momento en que ya no lograba formar frases, sino sólo emitía sonidos inconexos.

Después de analizar su mapa natal, verifiqué que había un aspecto mal resuelto relacionado con su infancia, algún bloqueo emocional que debía ser liberado. Ni él ni su familia lograban identificar de dónde provenía ese bloqueo, por lo cual decidimos hacer una regresión a su infancia. Él volvió a una escena del pasado en que estaba montado en un caballo con su tío; de repente, el animal se asustó con alguna cosa y lo derribó, casi pisándolo con sus patas. Mientras el tío aseguraba las riendas del caballo, las patas quedaron suspendidas encima de su pecho, lo cual hizo que el muchacho entrara en pánico: no gritaba ni emitía ningún sonido. Su voz no salía; por más que quisiese gritar, su cuerpo estaba paralizado. Pasaron algunos minutos antes de que el caballo fuese controlado y él pudiera moverse y decir alguna palabra.

Esta emoción quedó de tal manera registrada en su cuerpo emocional, que siempre que estaba en una situación de tensión volvía a sentir el miedo que bloqueaba su comunicación: tenía ganas de hablar, pero las palabras no salían. Tal situación se fue intensificando y él

171

no lograba comunicarse. Le ayudé a vivenciar ese momento tan traumático y lo alenté a gritar, a sacar todos sus miedos, a pedir ayuda, socorro, en fin, a manifestar todo lo que había acumulado en su ser. Era el momento de hacer todo lo que él debería haber efectuado en aquella época, y así lo hizo: consiguió externar sus sentimientos; su cuerpo se quedó nuevamente paralizado y poco a poco se fue liberando del miedo, al escucharme decir que todo aquello ya había pasado, que él estaba vivo y que aquella situación no volvería a ocurrir.

Después se fue sintiendo más calmado y tranquilo y en sesiones posteriores buscamos nuevas experiencias. Él fue mejorando cada vez más y pudo continuar con sus estudios y comenzar a comunicarse. Le aconsejé que consultara a un fonoaudiólogo para volver a aprender a hablar, pues una vez liberado el bloqueo, muchas veces es necesario contar con ayuda médica. Esto demuestra qué tanto un susto en la infancia puede limitar la vida de una persona en todos los niveles.

Sumergiéndose en el pasado: Otro caso determinante para mí fue el de un joven de aproximadamente veinticinco años que me buscó porque tenía un tic nervioso. En ciertas ocasiones que él no conseguía controlar, emitía algunos sonidos semejantes a los de un perro que ladraba. Me contó que toda su vida estaba limitada por eso: no podía ir a un restaurante, ni a un cine, y mucho menos ejercer su profesión, pues no tenía control alguno sobre esa situación. Su caso era angustiante y ya lo había intentado todo: había tomado calmantes, se había sometido a terapias y no llegaba al origen para liberarse definitivamente. Sentí su sufrimiento y tuve muchos deseos de ayudarlo, por lo cual decidí realizar una regresión. Iniciada la relajación, él comenzó a llorar y regresó a cuando tenía más o menos cinco años de edad, cuando se sentía encerrado en un cuarto, completamente solo. Sólo escuchaba el ladrido de su cachorro; estaba desesperado porque sabía que no debería gritar, pues de lo contrario sería agredido por su madre, que estaba en el cuarto de al lado. En ese estado de desesperación, me dijo que su padre estaba llegando y que encontraría a su madre con otro hombre. El perro ladraba muy fuerte, lo cual lo desesperaba todavía más.

Continué el trabajo y le pedí que volviese un poco más atrás para ver por qué sentía tanto miedo y cuál era la razón de que estuviese solo en aquel cuarto. Él me contó que aquel hombre siempre venía a visitar a su madre y que ella lo obligaba a quedarse quieto en otra habitación. También le decía que no le contase a nadie, pues de lo contrario lo castigaría. Él sabía que cada vez que su perro ladraba era porque su padre estaba llegando a la casa —asoció el ladrido del perro a su madre con otro hombre y a su padre que llegaba.

A pesar de no saber muy bien lo que su madre y el hombre hacían, presentía que podría ocurrir alguna desgracia, pues sus padres siempre peleaban mucho y él tenía miedo. Aunque no fuese la hora en que llegaba su padre —había salido a trabajar poco tiempo antes—, él sintió el peligro. Su padre, al desconfiar ya de una traición, encontró a su madre con otro hombre y hubo muchos gritos y golpes, mientras que el perro ladraba y él lloraba desesperadamente.

En ese estado de sufrimiento le ayudé a perdonar a su madre y a desechar esas escenas de su pasado. Él se fue tranquilizando y poco a poco se recuperó. ¿Quién podría imaginar que tal escena le causaría tanto pánico y se transformaría en un tic nervioso casi incurable? El ladrido del perro era una reacción a aquel momento tan angustiante que él había vivido, y algunas situaciones desencadenaban dicho recuerdo, muchas veces sin que mediara explicación racional.

Hay quien dice que no se debe volver al pasado porque podemos despertar situaciones traumáticas adormecidas en el inconsciente. Yo no concuerdo con esa teoría, pues, por más doloroso que sea nuestro pasado, es mejor liberarnos de él que cargarlo durante toda nuestra existencia, y limitar así nuestra evolución y nuestro crecimiento.

En tales regresiones, muchas personas retornan a momentos de la infancia en que sufrieron abusos sexuales de personas cercanas, como hermanos, abuelos, vecinos o incluso su padre. En ese momento, por más que la criatura no tenga conciencia de lo que ocurría, siente que está haciendo algo vergonzoso; se siente impotente ante la persona que le lastima y experimenta coraje. Cuando me buscan, muchas de esas personas manifiestan bloqueos sexuales, miedos inexplicables al sexo y sensación de asco. Esos abusos son mucho más frecuentes de lo que imaginamos y causan traumas para el resto de la vida, por lo cual deben ser revividos y liberados.

Todo queda registrado en el cuerpo emocional y, aunque la víctima no se acuerde del rostro de su atacante, vivencia las sensaciones de ese momento. Sólo existe una forma de resolver los conflictos: enfrentarlos. También se puede ignorar lo sucedido y así continuar sufriendo; es cuestión de cada quien, pero llega un momento en que dichos traumas están tan latentes, que la persona no consigue seguir guardando dentro de sí tal acumulación de sufrimientos.

Comprensión de los conflictos familiares: Atendí el caso de una joven que vio en una regresión algo que la martirizaba. Sentía gran admiración por su padre y, al mismo tiempo, lo odiaba sin motivo aparente. Siempre que podía lo maltrataba, incluso cuando él era cariñoso con ella. Eso la hacía sentirse culpable: si su padre era tan bueno, ¿por qué ella se enojaba con él?

Las personas que la rodeaban no entendían por qué ella lo trataba tan mal; ella también se cobraba por eso, y la situación se fue agravando de tal forma que ella ya no podía estar cerca de él sin sentir ganas de agredirlo. Sus sentimientos eran contradictorios y la hacían sufrir: por un lado la atormentaba la culpa y, por otro, sentía un coraje que no sabía explicar. Por desgracia, no lograba controlarse y sufría con tal situación. Sentía que ese impulso de ira era incontrolable y no formaba parte del momento actual, sino que provenía de más lejos.

Volvimos al pasado mediante una regresión y la primera escena que vio la joven fue a su madre embarazada de su hermano, llorando delante de ella, pues era brutalmente agredida por su padre. Ella era muy pequeña y estaba en su cuna, llorando también. En ese momento le pregunté cuál era el sentimiento respecto a su padre y ella me respondió:

—Odio por mi padre y pena por mi madre. Me siento impotente, quiero ayudar a mi madre, pero no puedo.

Le pregunté por qué él la agredía y ella no supo responder, sino sólo dijo que esas escenas de violencia habían ocurrido muchas veces en su infancia.

Su padre había sido, hasta cierto punto, un alcohólico que algunos años después logró recuperarse. Con esa recuperación él se convirtió en un hombre extremadamente dócil, por lo cual ella no entendía sus sentimientos. Realizamos el trabajo de perdón y transformamos la escena negativa en positiva. La joven continuó realizando el perdón en relación con su padre durante un tiempo más, y con eso su vida se hizo más tranquila; el sentimiento de culpa y de enojo se fue disipando y ella entendió el motivo de esa agresividad incontrolable.

Otra situación ocurrió con un hombre que me buscó y que era muy agresivo con las mujeres, principalmente con la suya. Se había casado cuatro veces ya y todo se repetía: al principio era siempre muy afectuoso y calmado, pero después se transformaba y agredía verbalmente a todas las mujeres que pasaban por su vida. Sentía tristeza, amargura gratuita y una sensación de que siempre sería engañado por ellas. Fuimos a la regresión y lo que quedó constatado fue que su madre había sido una mujer muy bella de joven, y él presenció algunas escenas de hombres que la admiraban e intentaban seducirla.

Él se daba cuenta de que a su madre le gustaba ese juego de seducción y que incluso alentaba a los hombres a asediarla. Uno de ellos era su tío, hermano de su padre, que él veía frecuentar su casa cuando su padre no estaba; escuchaba que su madre y su tío se reían mucho, no sabía de qué ni por qué. Recordaba también que cuando su tío llegaba, su madre siempre le daba dinero para comprar caramelos y que le dejaba jugar en la calle. Con el paso del tiempo, él fue desconfiando de esa situación y resolvió no comprar sus dulces y regresar a casa. Entonces vio a su madre y a su tío intercambiando caricias que eran extrañas para él.

Comenzó a percibir que su madre lo engañaba y que traicionaba a su padre con el hermano de éste. El sentimiento de admiración por la belleza de su madre se fue transformando en ira y deseos de agredirla. Como no logró externar esos sentimientos, transfirió a todas las mujeres lo que sentía por su madre y las igualó a la figura materna: creía que ellas lo trataban bien en apariencia, pero que en realidad lo engañaban. Se fue enojando mucho contra todas las mujeres y no lograba entender por qué todos sus matrimonios anteriores no habían dado resultado; la historia se repetía siempre y lo interesante es que, al mismo tiempo que admiraba a las mujeres con quienes se relacionaba, sin explicación racional sentía mucha ira contra ellas y una gran desconfianza, por lo cual las agredía verbalmente y las acusaba de lo que no merecían. Todo lo que él no le dijo a su madre durante su infancia se lo decía a esas mujeres.

Con dicha regresión, él entendió que primeramente debía perdonar y entender a su madre. Le ayudé a transformar esas escenas dentro de él y fuimos suavizando esos sentimientos respecto a las mujeres; también lo apoyé con el fin de que se liberara de sus heridas, para lo cual le mostré los posibles motivos que hacían que su madre actuara de tal manera; añadí que no debía juzgarla, sino comprenderla y perdonarla, y que si él había pasado por aquella situación era porque necesitaba aprender algo acerca de la energía femenina que estaba relacionado con su karma.

Mediante su mapa astral kármico, constaté que tenía un karma de seducción con las mujeres. En alguna encarnación anterior había sido manipulador respecto a la energía femenina; hoy había nacido en un hogar donde su madre hacía lo mismo que él había hecho en otra vida. Como ese patrón energético tiende a repetirse, el espíritu no puede liberarse, de ahí la necesidad de la regresión, para romper el círculo vicioso del karma.

Desvío de personalidad: Cierta vez me buscó una mujer que trabajaba en un antro en Sao Paulo, donde los hombres iban a divertirse. Era una muchacha de revista, muy bella, y me contó que sentía placer cuando humillaba a los hombres que la buscaban y después los intimidaba. Ponía un anuncio en el periódico, y recibía la visita de altos ejecutivos, maduros, casados y con familia estructurada. Esos encuentros ocurrían en su departamento, donde, después de cierta intimidad, les revelaba que había filmado cada momento secreto y que entregaría la cinta grabada a su familia y a su empresa; es decir, los extorsionaba y les pedía mucho dinero. Lo que le daba placer era ver a esos hombres poderosos arrodillarse a sus pies pidiéndole que no arruinase su vida. Cuanto más imploraban, más experimentaba ella un sentimiento de venganza, y el deseo de humillarlos crecía en su interior.

Esa situación se fue agravando hasta que un día fue denunciada y casi cayó en la cárcel; entonces comenzó a darse cuenta de que estaba en el camino equivocado. Podía salir con quien quisiese, pero no debía usar a las personas de esa manera tan cruel. Un día, uno de mis libros llegó a sus manos y empezó a cuestionarse sobre el karma, la reencarnación y el por qué de toda aquella situación. Comenzó a sentir que no actuaba correctamente y quiso saber los motivos de esos instintos perversos. Llegó a la conclusión de que nunca había amado a nadie y que necesitaba descubrir de dónde venían dichos sentimientos tan fuertes de venganza con respecto a los hombres, principalmente a los hombres mayores.

Verifiqué su mapa y constaté algunos problemas de infancia con su padre; fuimos a buscar dónde estaban registradas esas impresiones, por medio de la regresión. En una de las escenas ella se vio de trece años yendo con su padre a un estadio de futbol, donde él se encontraba con un grupo de amigos y ella era obligada a mirar a aquellos hombres jugando futbol. Le gustaba salir con su padre, pero prefería divertirse en otro lugar; no podía participar en los partidos, sino sólo observaba callada.

Un día resolvió darse una vuelta mientras su padre jugaba con los amigos. Se distrajo y se tardó más de lo que debía, cuando escuchó a su padre que la llamaba a gritos. Ante ello, tuvo miedo, intentó explicar dónde había estado, mas fue en vano. Su padre, muy nervioso, le arrancó la ropa hasta dejarla desnuda y la obligó a desfilar delante de todos aquellos hombres que se reían mucho de ella y que se divertían con la situación, pero ella sentía una gran vergüenza.

La orienté a que buscara sus sentimientos más profundos y ella respondió con mucha convicción:

—Un día voy a vengarme de todos los hombres, voy a hacerlos sufrir lo que estoy sufriendo, voy a humillarlos así como ellos me humillan ahora.

En la secuencia de la regresión percibió que su padre repetía ese castigo con frecuencia, lo cual despertó en ella profundos sentimientos de odio por los hombres mayores. Esos sentimientos de venganza y deseo de humillarlos se volvieron tan intensos, que aplicó a los hombres que pasaban por su vida el mismo castigo que recibiera de niña.

En la siguiente sesión, esa joven estaba transformada; me contó que quería cambiar su vida y deseaba trabajar con sus dones: cantar, bailar y llevar alegría a las personas. Todo sentimiento respecto de los hombres se modificó y ella se volvió más feliz. Después de algunos años, regresó para una nueva consulta y me sentí gratificada cuando me invitó a la inauguración de su escuela de danza.

EL CAMINO HACIA LA LIBERACIÓN

Miles de casos ocurrieron, pero no hay espacio para contarlos en estas líneas; sólo describí algunos porque siento que varias personas muchas veces pasan por situaciones que no comprenden, y deseo ayudar a quienes vivieron situaciones semejantes, no saben cómo explicar lo que sienten, lo que es más importante, no saben cómo resolver esos conflictos.

Existen muchas formas de llegar al inconsciente y ésta fue la que yo encontré. No existe una que sea mejor que otra, pero sí la conciencia de que en un momento determinado la persona necesita ese tipo de tratamiento, aunque todos ellos son válidos y cada uno debe adaptarse con el que se sienta mejor. Tampoco hay fórmulas mágicas para resolver los conflictos, porque cada caso es distinto y para cada uno una parte puede ser diferente de otra. En este trabajo no existen reglas, sino que yo me dejo llevar por mi intuición y sigo aquello que me ordena mi corazón. Me armonizo con la persona que me busca y asimilo lo que ella necesita en ese momento. Es muy gratificante comprobar los resultados, sentir que las personas se sienten mucho más ligeras y tranquilas y que se quitaron un peso del cuerpo y del alma.

En algunos casos percibí que existen conflictos más profundos y arraigados, que también deben ser liberados. Antes de comenzar a trabajar con la regresión, yo misma pasé por el proceso de retorno al pasado mediante una terapia con una psicóloga. Fui a buscar muchas vidas en mi inconsciente, pero siempre parecía que no había llegado al origen del problema —algo faltaba. En esa época ya era astróloga; a pesar de que mi interés estaba relacionado con la astrología kármica, intuía que aquel mapa que se encontraba frente a mí contenía muchos mensajes que mi consciente no conseguía captar. Investigué mucho en libros y cursos acerca de astrología kármica y no encontré suficiente información sobre esos asuntos, ni mucho material disponible; al mismo tiempo, sabía que las respuestas estaban dentro de mí y comencé a asociar la astrología kármica con la regresión.

Analizaba los aspectos de conflicto en mi mapa y procuraba, por medio de la regresión, llegar al origen de ese conflicto que aparecía en mi mapa natal. Con eso entendí y mejoré mucho mi energía. Sentía la necesidad, primero, de resolver un asunto con mi padre, que ya había fallecido. No sabía cómo podría resolver algunas diferencias entre nosotros, ya que él no estaba más en la Tierra. En una meditación entré en contacto con su espíritu y él me dijo todo lo que había querido decirme en vida y que no fue manifestado; le expresé todas mis amarguras en relación con su ausencia de mi vida, después traté de entender el por qué de esa ausencia y enseguida sentí la necesidad de perdonarlo; así lo hice. Como él había muerto hacía muchos años, pensaba que nunca resolvería mi historia con él. Después de ese trabajo interior me sentí más aliviada, libre de esa sensación de abandono que me acompañó toda mi vida. Durante mucho tiempo culpé a mis padres de mis problemas, siempre afirmando que no entendía mis vínculos familiares; hoy tengo conciencia de que esto no existe, yo elegí nacer por medio de ese padre y de esa madre, y sólo debo agradecerles por haber sido un instrumento para mi evolución.

Después de dicho proceso empecé a utilizar mi mapa como un camino para la regresión a otras vidas. Hace veinte años casi no se hablaba de esos asuntos y fui pionera en unir el mapa astral kármico con la regresión para un tratamiento más dirigido a atacar el origen de los problemas. Con ese análisis llegué a la conclusión de que había varios aspectos no resueltos en mi mapa; comprobé que durante muchas encarnaciones cometí excesos de todas formas: en el amor, en los gastos materiales, en la abundancia, en la alimentación y principalmente en el exceso de libertad, que me hizo romper bruscamente con todo y con todos.

Hoy traigo esos resquicios en mí y siempre estoy vigilándome para no actuar de manera demasiado impulsiva: muchas veces siento el ímpetu del rompimiento e intento controlarlo, pues para mí esos rompimientos son extremadamente dolorosos, y sólo rompo con una situación o con una persona cuando siento que ya hice todo lo que estaba a mi alcance. Hasta finalizar una relación con mis empleados es muy difícil para mí, pero cuando lo hago soy radical y no hay vuelta atrás. Debo equilibrar esos impulsos y trato de actuar de una manera más armoniosa; en un primer momento, doy toda la libertad a las personas que trabajan conmigo; sin embargo, por no entender esa libertad comienzan a abusar, y entonces caigo en el extremo opuesto e intento controlarlos. Todo esto me desgasta y me causa sufrimiento, por lo cual sé que es preciso que aprenda a terminar tales relaciones.

Ya conté en mis dos libros anteriores, *Alma gemela: el encuentro y la búsqueda* y *Almas gemelas en busca de la luz*, algunas regresiones que fueron determinantes para mi aprendizaje actual.

Nuestro espíritu repite patrones energéticos, de ahí la importancia de utilizar el mapa kármico como instrumento de evaluación para conducir mejor al paciente al punto exacto adonde tiene que regresar para buscar su liberación definitiva. Debemos admitir que en el plano espiritual existen muchos tipos de crecimiento y que cuando adquirimos nuevas percepciones tenemos más elecciones para dirigir nuestras vidas. Debemos dejar que nuestro Yo Superior guíe nuestros caminos espirituales de regreso al pasado, de regreso a nuestro lugar de origen, porque es fundamental para nuestra evolución.

Debemos estar atentos a las señales a nuestro alrededor y aceptar todas las informaciones, independientemente de la manera como éstas nos lleguen: para algunos, el vehículo de comunicación son las imágenes, para otros los olores, los símbolos, las formas. Preste atención el lector a cualquier mensaje que venga de su subconsciente y esté alerta a todas las formas de comunicación con el pasado, futuro o con su Yo Superior.

En mi caso, esas señales provienen de varias formas, por ejemplo: cada vez que viajo a Portugal entro en un proceso de regresión que me lleva a comprender mejor mi misión y su ampliación y transformación. Allá yo vivo en regresión y aquí me interiorizo en un proceso de reflexión. No puedo quedarme mucho tiempo ni allá ni acá, pues para mí Brasil y Portugal están ligados estrechamente, y en los últimos diez años esos viajes me ayudaron a modificar mis patrones, que se repitieron durante muchas vidas.

Cada viaje a Portugal me hace experimentar tan profundamente mis karmas, que cuando regreso mi liberación sucede naturalmente. En la misma forma, Portugal me lleva a un proceso de autoconocimiento. Necesitaba vivir una situación clara, definida, pues me siento comprometida con este país, y lo que hoy me mantiene más tranquila es la responsabilidad para con mi misión: ahí creé un espacio, pago impuestos y mi estancia es legal.

Cada regreso es una mudanza… los meses que resido en Portugal revivo algunas vidas pasadas con regresiones que duran dos o tres meses, y esas experiencias me permiten entrar en contacto con mis raíces espirituales, que explican quién soy y lo que hago.

En esas idas y venidas, un cordón energético liga a mi espíritu con mi cuerpo físico y me proyecta físicamente para buscar mis respuestas. Me siento dividida en cuerpo y espíritu. Cada regreso a Brasil es como si yo dejase una parte de mí en Portugal, y viceversa.

REVIVIENDO EMOCIONES

Por medio de mi experiencia, constaté que nuestro espíritu registra algunos patrones energéticos que se repiten, por lo cual muchas veces atraemos el mismo tipo de situaciones y de personas y no entendemos por qué, por lo tanto, en un trabajo de regresión debemos eliminar ese patrón energético para que sea transmutado definitivamente en nuestro espíritu. De lo contrario se crea un vicio que se repite por muchas encarnaciones y esas personas vuelven una y otra vez durante numerosas vidas. Para eliminar ese patrón es necesario llegar al origen del karma que creamos en otras épocas y que nos acompaña hasta hoy. Recientemente viví un ejemplo de esa situación:

18 de julio de 2003: hoy es el día del matrimonio de Felipe, hijo de Marco Antonio, que vivió conmigo desde los tres hasta los veintiún años de edad. Actualmente, Felipe tiene treinta y dos años. Un año después de mi separación se fue a vivir con su padre. Recuerdo que en aquella época me puse triste, pero respeté su elección. En aquel momento creí que mi karma con Marco Antonio y sus hijos había llegado a su fin. Intenté poner punto final a esa historia y seguir mi vida con mis hijos, Michel y Ana Lucía, pero el destino continuaba moviendo sus piezas: después de doce años, Felipe vino con su novia a entregarme la invitación para su casamiento. En mi cabeza, él ya se había olvidado de mí, ya no se acordaba de que durante veinte años de su vida yo hice el papel de su madre, que se había distanciado de él hacía mucho tiempo.

Al principio no entendí muy bien por qué querría él mi presencia en su boda, cuando yo creía que no había sido importante en su vida. Finalmente, cuando me hice cargo de Felipe y de Ana Carolina yo era muy joven, no tenía ninguna experiencia con hijos y estaba embarazada de seis meses de mi primer hijo, Michel. En esa época todo fue muy difícil, pues me casé con un hombre que ya tenía una historia de vida, que ya se había casado y tenía dos hijos y yo no sabía muy bien cómo enfrentar la situación. Cuando mi hijo nació, la situación se complicó, pues yo estaba muy preocupada por Michel, tenía miedo a que Felipe sintiese celos y lo lastimase. Pero las cosas se fueron acomodando y Felipe se fue adaptando a su hermanito.

Desde 1991 tuve poco contacto con Felipe. La vida nos distanció, porque él se fue a estudiar a una ciudad próxima a Sao Paulo. Al recibir su invitación de boda sentí que no debía ir, para no recordar el pasado. Me resistí mucho, creía que mi misión con él y su hermana ya había terminado, pero después de mucho conflicto decidí asistir a ese casamiento. Pedí apoyo a mi amiga Gloria, pero cuál no sería mi sorpresa al ver a toda mi familia en la iglesia. Felipe se puso tan feliz de vernos que descendió del altar para abrazarnos y sentí que era sincero. Reviví toda mi historia en apenas una hora, al ver pasar en mi mente la película de toda nuestra vida familiar.

Recordé cuando Felipe llegó a mi casa con sólo tres años de edad; me acuerdo de sus carencias y siento una profunda emoción. Volví a la época en que veintinueve años atrás estaba embarazada de seis meses, y decidí aceptar a Felipe y a su hermana, entonces de siete años. Él era hermoso, rubio, de ojos azules, una criatura sensible que durante algunos años me despertó por las noches, pues veía a su lado a un hombre —hoy entiendo—, su abuelo materno, que ya había fallecido y que era muy bueno con él. Me acuerdo de su sonrisa y de cuánto traté de ser verdaderamente su madre, y hoy sé que sólo sustituí a su madre biológica y que, en esencia, él sabía que ella se había ido y que por más que yo intentase remplazarla, él guardaba dentro de sí los recuerdos de esa mujer a la que casi no conoció.

En aquella época yo era muy insegura y estaba triste; no obstante, hoy comprendo que la realidad era otra: la madre no puede ser sustituida y, si en esta vida ella había sido un instrumento para ponerlo en el mundo, yo, por algún motivo mayor, había sido elegida para cumplir su papel y tenía que agradecer a Dios por haberme dado esa oportunidad. Felipe y su hermana fueron un gran aprendizaje en mi existencia y me hicieron crecer mucho.

Traté de sacar a Felipe de mi vida en esos últimos años, pero no me culpo por ello; creo que él necesitaba evolucionar para entender lo que yo representé en su vida. Sé también que en ciertos momentos fui severa con él en su infancia, mas al mismo tiempo era muy cariñosa y preocupada por su salud y su desarrollo. Recuerdo las noches que pasé en vela con las enfermedades de Felipe, y durante algún tiempo todo eso fue muy pesado, pero hoy sé que valió la pena; no me arrepiento y agradezco a Dios por haber tenido fuerzas para ayudarlo.

Me transportaba de nuevo a la iglesia y veía a Felipe frente a mí, tan feliz que me sentía gratificada por haber contribuido a eso de alguna forma. El joven estaba radiante y yo también. Sabía qué tan importante era para él estar con toda mi familia ahí reunida en aquel momento tan significativo; finalmente, mi familia había sido su familia: mi madre siempre fue su abuela y mis hermanos sus tíos.

Marco Antonio también demostró reconocimiento, al agradecer mi presencia en la iglesia. Por su parte, Ana Carolina fue extremadamente fría conmigo, lo cual me dejó muy triste, pero entiendo que ella debe tener sus motivos y que, de pronto, nuestro karma acabó. Le he enviado mucha luz y bastante amor y, aunque ella no se muestre receptiva, yo estoy en paz conmigo.

Todo parecía un sueño y yo creía que ya había resuelto mi historia con todos, pero al regresar al hotel, la emoción seguía siendo muy fuerte. Pasé la noche llorando mucho, pues creía que todo había sido olvidado, y aquella película se desarrollaba frente a mí sin que yo pudiese tener control alguno.

Mi hijos, Michel y Ana Lucía, siempre estuvieron a mi lado dándome apoyo, abrazándome y cuidando de mí. Agradezco más de una vez a Dios y a todos los que compartieron ese momento tan importante de nuestras vidas. La emoción fue mucha y no recuerdo cuándo había llorado tanto por última vez; sólo sé que hacía mucho tiempo que esa emoción estaba bloqueada dentro de mí. Me di cuenta de que no podemos apagar algunos recuerdos que están dormidos dentro de nosotros; aunque deben ser vivenciados a profundidad para ser resueltos. Pero nunca voy a olvidar la sonrisa de Felipe, ni su emoción, y deseo desde lo más profundo de mi corazón que sea muy feliz y que pueda dar mucho amor a sus hijos.

Creo que esta vez nuestro karma fue resuelto, lo cual no significa que no debamos vernos ya más, sino que, debemos relacionarnos ahora completamente libres de culpas y amarguras.

1º de agosto de 2003: actualmente dedico la mayor parte de mi tiempo a escribir mis vidas pasadas, las cuales asocio con mi vida presente; la mayor satisfacción para un ser humano es utilizar sus experiencias con el fin de ayudar a sus semejantes, y yo me siento una persona feliz por tener esa oportunidad.

Existe una diferencia entre escribir algo que se vive con intensidad y algo que se crea en la mente. Todo lo que escribo proviene de mi corazón, de mi alma, y eso es lo más importante: sólo escribo aquello en lo que realmente creo. Jamás olvidaré las impresiones que están registradas en mi alma, porque no hay ficción en lo que escribo. Al contrario, expreso la más pura verdad, no sólo lo que absorbí en los libros, sino también lo que siento. Claro que, en el transcurso de mi vida, las lecturas me ayudaron a confirmar todo lo que sé, por ejemplo: hoy siento mucho más placer en escribir que en atender individualmente, pero sé que todavía debo hacerlo por algún tiempo más. Llegará el momento en que sólo mis libros conseguirán esclarecer los karmas individuales de cada lector, y mi intención es transmitir todos mis conocimientos de astrología kármica a los interesados, en el momento oportuno y a las personas adecuadas. Sé que ese día llegará; además, aprendí a no tener prisa, finalmente todavía tengo el resto de mi vida actual para hacerlo. Descubrí un gran placer y una enorme satisfacción en escribir, y siento que con mis mensajes estoy en condiciones de ayudar a un mayor número de personas a entender el camino espiritual. Todavía pretendo enseñar los rituales de transmutación de los karmas y mucho más, y mientras eso no suceda, voy a transmitir lo que el tiempo me permita.

Desde que la llama violeta entró en mi vida por medio de las enseñanzas de Saint Germain en 1985, estudio a los maestros ascendidos y actualmente busco sintonizarme con la energía de los Siete Rayos y de los Siete Maestros.

Lo que debemos entender primero es que los maestros ya fueron seres humanos como nosotros y que ellos son los mensajeros de la luz.

Un día ascenderemos como ellos. Ascender quiere decir que ya no reencarnaremos en el plano de la Tierra, sino que nos hallaremos en un estadio más avanzado, más sutil, donde retornaremos a nuestra esencia divina sin necesidad de pasar por todos los ciclos de la reencarnación.

Siete Rayos, Siete Maestros

¿Qué son los Siete Rayos? De la misma forma en que un rayo de sol, al pasar por un prisma, es separado en siete colores, la luz espiritual también se manifiesta en siete rayos. Cada uno tiene un color, una frecuencia y una cualidad específica; los siete colores de los rayos son pura luz blanca que emana de Dios. Cada rayo tiene su maestro, que auxilia a la humanidad en su evolución. Estudios más profundos afirman que existen muchos otros rayos y maestros.

Existen hoy, encarnadas en la Tierra, miles de millones de almas que usan el planeta como campo de aprendizaje. Cada una de esas almas pertenece a uno de los siete rayos (o divisiones de vida) y todo individuo posee, en su yo, una correlación con las tendencias, características y aptitudes que pertenecen al mismo rayo.

Casi todas las personas desarrollan, a lo largo de los tiempos, diversos talentos y virtudes que tienden hacia determinado rayo. Los seres del primer rayo son reconocidos más fácilmente que los de los otros rayos; en general poseen una energía ilimitada y son personas de acción, líderes natos, que gustan de crear y construir; entre ellos, pocos encuentran desagradable la presión de la fuerza de ese rayo.

Primer Rayo: llama azul

El maestro de la llama azul es el Morya y la ayuda que podemos obtener con ese rayo y ese maestro es la búsqueda de la protección divina. El Morya nos asiste en la liberación de nuestros miedos y nos orienta en nuestras dudas, fortalece nuestra fe, contribuye al perfeccionamiento de nuestra alma y nos protege contra peligros físicos y espirituales junto con el Arcángel Miguel.

Afirmaciones del primer rayo: Yo soy la fe en Dios que me guía, me protege, me ilumina, me cura, me sustenta y realiza por mí todo lo que debe ser realizado.

SEGUNDO RAYO: LLAMA DORADA

Los maestros Lanto y Kutumi son los representantes del rayo de la sabiduría y de la iluminación divina, y ayudan a disolver tanto la ignorancia como el orgullo y las limitaciones de la mente. Esos maestros auxilian en la liberación de los vicios, junto con el Arcángel Jofiel.

Afirmaciones del segundo rayo: Yo soy la iluminación y la sabiduría divina que me guían en todo lo que hago, y yo bendigo todo lo que toco.

TERCER RAYO: LLAMA ROSADA

Rowena y Paolo Veneciano son los maestros que asisten en el desarrollo del amor divino, permitiendo la comprensión y el surgimiento de la misericordia, de la caridad y de la compasión. La energía del tercer rayo ayuda a desaparecer el egoísmo y el sentimiento de no gustarse a sí mismo, protege contra la calumnia, el despecho, la envidia y auxilia a recuperar relaciones difíciles, junto con el Arcángel Samuel y Caridad.

Afirmaciones del tercer rayo: Yo soy tolerante y paciente en el pensar, en el sentir y en el hablar, para que surja en mi vida solamente la bendición divina, y yo soy el sello de la divina llama rosada del amor.

Cuarto rayo: llama blanca

El maestro es Seraphis Bey, que auxilia en la directriz de nuestra vida espiritual y nos revela el propósito de la vida, ayudándonos a traer felicidad y alegría, además de establecer el orden y la disciplina. Asimismo, organiza el ambiente físico y mental y da una nueva dirección a nuestra carrera, junto con el Arcángel Gabriel.

Afirmaciones del cuarto rayo: Yo soy la luz de la sabiduría divina, presente en mi ser hoy y siempre.

Quinto rayo: llama verde

El maestro Hilarión ayuda a curar el cuerpo, la mente, el alma y el espíritu e inspira la música, la ciencia y la medicina, junto con el Arcángel Rafael y la Madre María.

Afirmaciones del quinto rayo: Yo soy la presencia divina que inunda con abundancia todo lo que yo necesitare, todo lo que yo deseare.

Sexto rayo: llama púrpura

El maestro Jesús y la maestra Nada ayudan a resolver de forma pacífica los problemas personales, sociales y profesionales, así como a crear un ambiente armonioso para desarrollar la creatividad, inspiración y auxilian a los enfermeros, los médicos y los consejeros.

Afirmaciones del sexto rayo: Yo bendigo constantemente a todos y a todo.

Séptimo rayo: llama violeta

Este rayo está representado por el maestro Saint Germain y ayuda a desaparecer el karma negativo, los recuerdos dolorosos y los rasgos negativos de la personalidad, a la vez que transmuta los karmas entre las personas, junto con el Arcángel Zadkiel.

Afirmaciones del séptimo rayo: Yo soy lo que Dios quiere, yo soy la conciencia crística manifestada ahora y eternamente sustentada.

Cada rayo tiene sus características, y las personas que se identifican con el primer rayo son denominadas tanto pioneras como propagadoras de nuevas ideas, lo cual exige que sean fuertes, valientes y decididas a mantener sus convicciones a pesar de la resistencia y el menosprecio de sus semejantes.

Antiguamente la perfección reinaba en la Tierra, y los maestros y los ángeles andaban junto a los hombres; sin embargo, todo cambió cuando comenzamos a manifestar a nuestro alrededor energías discordantes en función de acciones y pensamientos negativos, creando un velo a nuestro alrededor, como si una neblina interceptase la comunicación con ellos. Las Legiones de Luz todavía esperan que ese velo sea disipado y que los maestros puedan convivir nuevamente con los hombres. Nos compete a nosotros desvanecer esas creaciones, de modo que tales enseñanzas puedan ser absorbidas por todos. La Ley Cósmica decreta que los maestros ascendidos sólo intervengan en favor de la humanidad a partir de la iniciativa de pedido. La energía contenida en la oración será entonces reforzada y volverá a la Tierra para ayudar a los suplicantes.

Dios es olvidado con facilidad por el hombre, quien sólo cuando sufre recurre a Él; sin embargo, debemos traerlo siempre dentro de nosotros; Su voluntad es que no haya más velos entre Él y los hombres y que desaparezcan las enfermedades, las limitaciones de todas clases y el desequilibrio de la mente y del cuerpo; también quiere que desaparezcan las dificultades materiales y que brille nuevamente la luz.

La voluntad de Dios es que penetremos con toda intensidad en nuestro corazón y contemplemos nuestra divinidad.

La voluntad de Dios es simple: el bien, la paz, la pureza, el equilibrio, la bondad, la prosperidad, el amor, la salud y la alegría.

Este arcángel es el de la fe, quien da protección y libera de todo mal. La necesidad del ser humano y sus oraciones hicieron que el Arcángel Miguel se aproximase más a la Tierra.

Sus cabellos son dorados y sus ojos azules; su templo etérico es de un material especial de color dorado; sobre la cúpula hay una estatua del Arcángel Miguel; desde ese foco de irradiación él y su legión continúan protegiendo a la Tierra; de su templo salen incesantemente los auxiliares y mensajeros de protección. Muchos seres humanos se trasladan de noche en sus cuerpos sutiles a ese templo para liberarse de las limitaciones terrenales.

Cuando el Arcángel Miguel y su legión son invocados fervorosamente, esas súplicas son atendidas con rapidez y se presta el socorro, dividiendo las fuerzas malignas y liberándolas. Para ello, es necesario que el pedido sea hecho con fe, y el resultado es infalible.

Cómo obtener la protección del Arcángel Miguel

Visualice la presencia del Arcángel Miguel en todas partes: al frente, atrás, a la derecha, a la izquierda, encima y abajo, para que su ser esté cubierto totalmente de luz azul y blanca. Ahora imagine que una armadura azul de acero impide que cualquier amenaza tanto física como espiritual dañe su mente y su cuerpo. Enseguida visualice al Arcángel Miguel y a los enormes ángeles de luz azul a su alrededor, quienes serán su escolta, acompañándole y protegiéndole tanto a usted como a sus familiares.

Ahora visualice un invencible muro de llama azul, con anillos sucesivos de energía de un intenso azul zafiro, y vea al poderoso ángel como defensor personal de todos los hijos de Dios; de esta forma, su llamado se multiplica.

Haga esta protección cada vez que se acuerde:

Invisible protección de luz yo soy, invencible protección de luz
yo comando, invencible protección de luz es mía cada día.
Invencible protección de luz para siempre me guía.
(Repetir tres veces.)

INVOCACIÓN A SAN MIGUEL ARCÁNGEL

En nombre y por el poder de la amada presencia, Yo Soy en mi corazón
y en nombre del Arcángel Miguel, con su autoridad de Príncipe de los
Arcángeles. Yo ordeno que la llama azul descienda sobre mí y carbonice
completamente toda energía negativa y destructiva que me asedia.

Yo Soy el poder del Príncipe de los Arcángeles, el Arcángel Miguel,
quien disuelve por la fuerza del fuego azul del Padre Todopoderoso toda energía destructiva, línea de fuerza negativa, toda obsesión, todo lo
que es menor a la perfección, que intenta impedirme seguir mi rumbo
libre de asedio de vibraciones o seres que no sean de luz.

Por el poder de la fusión de las Llamas del Arcángel Miguel y Elo-
him Astréa, Yo ordeno:

¡Oh seres que no sirven a la *Luz*,
apartaos del Cristo en mí!
¡Oh seres que no sirven a la *Luz*,
apartaos del Cristo en mí!
¡Oh seres que no sirven a la *Luz*,
apartaos del Cristo en mí, para que yo pueda vivir
dentro de la ley del verdadero Ser!

En nombre del Arcángel Miguel, con su autoridad de Príncipe de los Arcángeles: Yo Soy clavando en el pecho, en las espaldas, a la derecha, a la
izquierda, arriba y debajo de la cruz del infinito Amor y Protección del
Arcángel Miguel y, dondequiera que yo me encuentre, esta cruz brillará
con el Sol y apartará de mí cualquier ser, vibración o condición que
quiera apoderarse de mi cuerpo, de mis energías o de mi conciencia.

A partir de ahora yo soy un portador de la Cruz de la Llama Azul, y esta Cruz será vista por cualquier ser.

En cuanto a aquellos que me asediaban, Yo ordeno a los Ángeles de la Llama Azul que se los lleven *ahora* de regreso al plano astral, para que prosigan sus evoluciones, hasta que sean encaminados a los templos de compasión de la amada Kuan Yin y que mediante el amor liberador y la Misericordia del Séptimo Rayo, sean disueltas las energías cristalizadas que os impedían divisar la verdad, y eso os haga ver que también soy una parte de Dios y Dios es Amor.

Está hecho como Dios Yo Soy:

El nombre más poderoso y sagrado.

Ésta es una invocación para limpiar nuestra aura, el aura de personas que queremos y que están nerviosas o malhumoradas; utilice el nombre y restablezca la concordancia para su casa, su trabajo o cualquier lugar que deba ser limpiado.

MEDITACIÓN PARA LA ÉPOCA DE MICAEL

Tenemos que erradicar del alma todo el miedo y el terror que el futuro pueda traer al hombre.

Tenemos que adquirir serenidad en todos los sentimientos y sensaciones con respecto al futuro.

Tenemos que mirar al frente con absoluta ecuanimidad para con todo aquello que pueda ocurrir.

Tenemos que pensar solamente en que todo lo que venga nos será dado por una Dirección Mundial Plena de Sabiduría.

Esto es parte de lo que debemos aprender en esta Era: saber vivir sin tener seguridad en la existencia.

Debemos vivir con plena confianza en la ayuda siempre presente en el mundo espiritual.

En verdad que nada tendrá valor si nos falta el coraje.

Disciplinemos nuestra voluntad y busquemos el despertar interior, durante todas las mañanas y todas las noches.

Cada persona debe unirse a la presencia Yo Soy, manteniéndose humilde ante su Dios interior. Cuando entramos en contacto con nuestra presencia Yo Soy, desaparecen los sentimientos de rebeldía y orgullo, ya que en tiempos pasados éstos fueron los sentimientos que nos apartaron de la unión perpetua con nuestra Esencia Divina.

Muchas personas abandonaron sus búsquedas espirituales porque se sintieron inconformes con las limitaciones y las dificultades de la vida. Para que eso no suceda, debemos conocer la ley que permite mejorar las condiciones espirituales, aplicarla durante todo el proceso de crecimiento, y permanecer tanto armoniosos como pacíficos.

Es importante dejar en claro que no debemos ser sumisos ante las negatividades, sino asimilar los rayos de luz que nos son enviados por medio de las afirmaciones positivas (Yo Soy) que desaparecen esas dificultades.

En esta etapa, la disciplina y la autocorrección son básicas, ya que si no existieran, se convertiría en una barrera para la verdadera evolución espiritual. Es necesario que el lector crea en la presencia Yo Soy y que realice las afirmaciones todos los días, de preferencia a la misma hora, al amanecer o al anochecer, pues de esta forma su mente estará más receptiva y sintonizada con el plano espiritual.

Existen numerosas oraciones y afirmaciones que nos ayudan cuando nos atacan las perturbaciones externas. Dichas en voz alta, nos dan fuerza y determinación para continuar en sintonía con nuestro Yo Superior. Una que siempre me llena de fortaleza es la siguiente:

Yo Soy la presencia guardiana que consume todo lo que intenta perturbarme; Yo Soy la mente pura de Dios.

Yo Soy el poderoso círculo mágico de protección que me rodea, que es invencible y aparta de mí todo pensamiento o elemento discordante que procure penetrar o interferir.

Yo Soy la eterna liberación de toda la imperfección humana, en este instante y por toda la eternidad...

Yo Soy la resurrección y la vida de todas las cosas constructivas que yo pueda desear...

Yo Soy la luz de Dios en mi hogar, en mi trabajo, en mi ser.

Toda acción debe estar precedida de un propósito definido y de voluntad, antes de dirigirnos al mundo exterior o de decidir cualquier asunto. Debemos aplicar nuestra energía para transformar nuestros proyectos en acción.

Es importante que el lector evite a las personas indecisas, porque todo lo que fue conquistado en la Tierra o en otros planetas fue decidido por personas o ángeles que resolvieron con firmeza unir su fortaleza vital a la voluntad y a la acción.

Diga siempre: Yo quiero ser libre como Dios.

SANTUARIO SAGRADO

Debemos crear un lugar sagrado donde sea posible unirnos a nuestro Dios interior, a la presencia Yo Soy. La gran lección es mantenernos humildes, pues el orgullo y la rebeldía fueron las principales causas de que nos apartáramos de la presencia divina. La dificultad de la disciplina y de la autocorrección es la principal barrera para lograr nuestra evolución espiritual. La primera necesidad es la voluntad de disolver esos defectos en nosotros, para lo cual podemos contar con el maestro el Morya, quien nos dará la orientación necesaria con el fin de eliminar la rebeldía de nuestra conciencia.

Debemos también ayudar a nuestros semejantes a eliminar esos vicios de carácter, principalmente respecto del enojo ante las dificultades de la vida. Se requiere una vigilancia constante de nuestras reacciones —vigilar y orar—; siempre debemos mejorar nuestras condiciones y aplicarlas en nuestra vida diaria, en busca de armonía y tranquilidad. La música ayuda a mejorar nuestra vibración y nuestro ambiente.

El primer paso es desarrollar la voluntad de mejorar y eliminar de nuestro interior todo aquello que limita a nuestro espíritu en su búsqueda de la ascensión a la luz.

Debemos conectar nuestra mente con nuestro espíritu. La mejor manera de mantener esa conexión con nuestro Yo Superior es por medio de la oración. Cuando oramos, lo que imaginamos tiene el poder de concretarse; por eso es necesario mantener el pensamiento firme en nuestras oraciones. Nuestras mentalizaciones poseen la fuerza de la magnetización, de atraer energías del macrouniverso hacia el microuniverso, pero esa conexión ocurre no sólo con su pensamiento, sino también con lo que usted dice. Una forma de visualización es enfocarse en su Yo Superior, imaginando un sol brillante encima de su cabeza. Procure ser lo más específico posible en sus visualizaciones —cuanto más creativo y concentrado sea usted, mejores serán los resultados.

De ahí la importancia de crear un sitio sagrado, un altar que le ayudará a conectarse con su Yo Superior. No existen reglas, ni lo correcto o lo equivocado, sino que cada uno debe escuchar la voz de su corazón y hacer aquello que sienta en su Yo más profundo.

El inicio de una nueva era

Mediante los estudios astrológicos podemos constatar que existen doce eras y que cada una de ellas dura aproximadamente 2 150 años. El ciclo completo de dichas eras dura 25 800 años y cada una está relacionada con un signo del Zodiaco; a su vez, el movimiento se da en orden inverso a la secuencia de los signos. Estamos saliendo de la Era de Piscis, que es un signo de agua representada por Jesús, por lo cual se caracteriza por la navegación, el pez, el bautismo… y entramos en la Era de Acuario, que es un signo de aire, representado por Saint Germain. En este cambio de era aprendemos a navegar por el aire: Internet, computadoras, télex, fax, celulares, etcétera.

En el umbral de ese cambio de era, la astrología muestra cuándo y de qué forma regresarán a la Tierra los karmas negativos y positivos. ¿Cómo debemos reaccionar al karma que regresa en este cambio de era? En primer lugar, debemos asumir la responsabilidad de nuestros actos y aprender con las lecciones del pasado. Los astros determinan no sólo nuestro destino, sino también la forma como nos armonizamos con ellos; por ende, debemos revisar lo que todavía no aprendemos y pasar por nuevas pruebas, que son los desafíos de la vida y que nos ayudarán a crecer espiritualmente. Estamos resolviendo asuntos pendientes de varias eras y debemos aprovechar la oportunidad de participar en la transición de la Historia Espiritual del Planeta.

De 1996 a 2008, Plutón en Sagitario: grandes cambios pueden ocurrir y todo lo que está escondido surgirá para una purificación, principalmente en el aspecto religioso. Aparecerán miles de religiones y las guerras ideológicas serán constantes para las personas que descubran que Dios está dentro de cada uno.

De 2003 a 2011, Urano en Piscis: ese periodo marcará los progresos de la ciencia asociados a una expansión mística y filosófica. Las personas crearán nuevas comunidades e instituciones dedicadas a la asistencia al prójimo; sin embargo, la característica negativa será el surgimiento de nuevas drogas alucinógenas que debilitarán a las personas y a la sociedad.

De 2008 a 2024, Plutón en Capricornio: podrán ocurrir muchas transformaciones, incluso en grandes naciones y grupos de países. Habrá mayor redistribución del poder y pueden surgir luchas intensas; además, todo lo que está cristalizado será desintegrado en la política, en la sociedad y en la religión.

De 2012 a 2026, Neptuno en Piscis: las características determinantes serán la evolución espiritual y los trabajos colectivos.

PRIMERA RAZA RAÍZ

10 302 a 8142 a.C. — Era de Leo.
1er Rayo: Maestro: El Morya.
1er Templo: Voluntad, Poder y Fuerza.

En astrología, Leo rige la quinta casa, que representa a los hijos, la creatividad y el poder. En esa época surgieron los primeros reyes divinos y Leo es considerado el corazón del universo. Dicho periodo se caracterizó por la religión que tuvo a un león como tótem y predominó la raza lemuriana, que precedió a la raza atlante; esas almas reencarnaron en grupos y poseen un patrón divino único y una misión que cumplir en la Tierra.

Existen siete grupos principales de almas de la primera a la séptima raza raíz. En este momento estamos saliendo de la sexta raza, que corresponde a la Era de Piscis, y pasamos hacia la séptima raza, que corresponde a la Era de Acuario.

La raza lemuriana inició su evolución en la Era de Leo y un grupo de esa raza raíz está encarnado en Brasil; a su vez, la raza atlante comenzó también en esa era y siguió hasta la Era de Tauro. Por lo tanto, somos descendientes de la raza lemuriana.

SEGUNDA RAZA RAÍZ

8142 a 5982 a.C.— Era de Cáncer.
2° Rayo: Kutumi, Lanto y Buda.
2° Templo: Instrucción, enseñar la ley del karma.

En astrología, Cáncer rige la cuarta casa, que es la de la familia, la protección y la sensibilidad.

Predominó la raza atlante, que se hundió en un cataclismo donde hoy está el Océano Atlántico.

Plutón relata que en la isla de Atlántida hubo un maravilloso imperio. La aparición de esa raza ocurrió entre Europa, África y América; pero debido al cataclismo, desapareció primero la parte norte, después la parte sur y quedaron las Azores, de colonización portuguesa.

La raza atlante emigró a otros continentes y llegó hasta Brasil. Vestigio de esa era es la lengua, parecida al tupi-guaraní.

Fueron encontrados pergaminos judaicos, manuscritos chinos y piedras fenicias, siempre asociados a la cruz, que se convirtió en la firma de san Francisco y en la marca de la fe franciscana.

TERCERA RAZA RAÍZ

5982 a 3822 a.C.— Era de Géminis.
3er Rayo: Rowena y Maestro Polo.
3er Templo: Convivir con los hermanos, amor, misericordia y bondad.

En astrología, Géminis rige la tercera casa, que representa a los hermanos y la convivencia con los parientes más próximos.

El ciclo de Géminis nos trae la tradición del doble trono. En

Egipto y China, la tradición afirma que los primeros reyes fueron gemelos, representados por dos serpientes entrelazadas, símbolo que hasta hoy representa el comercio, la medicina y la sabiduría.

En la Biblia, el ciclo de Géminis está representado por los hermanos Caín y Abel. En esa época vivió Hermes Trismegisto, que era rey, legislador y sacerdote y escribió el Cabalión, con el cual demostró la ley de las polaridades: así como es arriba, es abajo.

En esa época hubo un desarrollo del espíritu creador, rapidez y movilidad, que son características del signo de Géminis.

Cuarta raza raíz

3822 a 1622 a.C.— Era de Tauro.
4º Rayo: Maestro, Serapis Bey.
4º Templo: Momento de liberarse de todas las vanidades y elevar una oración a Dios.

En astrología, Tauro rige la segunda casa, que es la de los bienes adquiridos.

El desarrollo de las artes y el esplendor del Antiguo Egipto, la utilización del cobre, la cultura pastoril y el inicio de la agricultura ocurrieron en esa época. El dios Apis y la diosa Hathor son representados por un buey y una vaca, respectivamente.

En todo el mundo, la casta sacerdotal impuso al toro como tótem, junto con la adoración de la vaca sagrada.

En Egipto y la India pueden apreciarse aún hoy los vestigios de esa era —la vaca es sagrada. En Egipto, la Era de Tauro tuvo su apogeo en las márgenes del Nilo, donde reposan el arte, la arquitectura y la pintura.

622 a.C. a 498 d.C.— Era de Aries.

5° Rayo: Maestro Hilarión, llama de la verdad, la integridad, la ciencia y la visión espiritual.

5° Templo: está relacionado con la consagración de las virtudes.

Los discípulos son iniciados como sacerdotes de la llama del fuego sagrado, y han renunciado a la vanidad para servir con abnegación y humildad.

En astrología, Aries es un signo de fuego, regido por Marte, el planeta de la guerra, y tuvo un significado importantísimo para la historia de mundo.

En 1400 a.C. hubo un desarrollo de la metalurgia del hierro, metal regido por Aries.

Datos importantes: fundación del reino de Israel por el rey David.

En el año 1030 a.C. ocurrió la fundación de Roma por Rómulo y Remo y en 753 a.C. nacieron varios filósofos: Lao-tsé, Buda, Confucio, Sócrates, Platón y Aristóteles. Aries gobierna la cabeza.

El Imperio romano actuó en Aries, razón por la cual vio su caída en 476 d.C., y en 498 d.C. dio inicio matemático la Era de Piscis.

La astrología ya era conocida desde el año 5000 a.C.

SEXTA RAZA RAÍZ

498 d.C. a 2658 d.C.— Era de Piscis.

6° Rayo: Maestro Jesús y Maestra Nada, quienes enseñan la devoción la entrega y el sacrificio.

6° Templo: servir, salir del retiro y volver al mundo para probar su luz, despojándose de todo lo que es externo.

En astrología, Piscis rige la duodécima casa, que es la del karma, el final de un ciclo, la abnegación y la cura espiritual. Es un signo de agua regido por Neptuno, que dio inicio al cristianismo con el nacimiento de Jesús, y desintegró al Imperio romano.

La religión cristiana se relaciona con el agua y los peces; así la mayoría de los apóstoles eran pescadores y el pez representaba el símbolo secreto de reconocimiento entre los cristianos, así como el tótem de esa era. El agua se usa en el bautismo.

En ese periodo hubo un esplendor de la navegación marítima y el descubrimiento de nuevas tierras, como Brasil y la India.

En la Era de Piscis predominan el alcohol y las drogas; al mismo tiempo, afloran la espiritualidad y la sensibilidad.

Séptima raza raíz

2658 a 4818 d.C.— Era de Acuario.
7º Rayo: Saint Germain, Maestro de la libertad y de la transmutación del karma.
7º Templo: momento de Ascensión, cuando estamos listos para obedecer la voluntad de Dios sin auxilio de los maestros. Tenemos que ser nuestro propio guía y permanecer en ese aislamiento hasta que termine nuestro tiempo aquí en la Tierra.

En astrología, Acuario es un signo de aire y rige la undécima casa, que es la de los amigos, la fraternidad, el altruismo y la intuición. Urano es el planeta de la libertad y rige la electricidad, la aeronáutica, la astrología, las reformas, el progreso, los inventos y la ciencia nuclear.

La Era de Acuario comenzó en 1789, con la Revolución francesa, en la que hubo una gran transformación política.

En 1888, la Ley Áurea abolió la esclavitud; en 1895 fueron descubiertos los rayos X; Einstein probó la teoría de la relatividad. Posteriormente fueron inventados el automóvil, las computadoras, el helicóptero, la iluminación eléctrica, la pila, el radar y el internet.

Primero navegamos por los mares y ahora por los aires. En el auge de la Era de Acuario, todas las coronas habrán caído por tierra y no habrá ningún rey que gobierne; además, habrá una lengua universal, un único patrón monetario y una única religión.

Habrá también más optimismo y viviremos en comunidades, ayudándonos unos a otros. Será el inicio de la séptima raza raíz, en la que ocurrirá la unión de todas las almas afines.

Será una era dotada de poder, sabiduría y amor.

La oración de san Francisco retrata la universalidad del alma:

Oración de san Francisco de Asís
¡Señor, haz de mí un instrumento de Vuestra paz!
Donde hubiere odio, haz que yo lleve amor;
donde hubiere ofensa, que yo lleve el perdón;
donde hubiere discordia, que yo lleve la unión;
donde hubieren dudas, que yo lleve la fe;
donde hubieren errores, que yo lleve la verdad;
donde hubiere desesperación, que yo lleve la esperanza;
donde hubiere tristeza, que yo lleve la alegría;
donde hubieren tinieblas, que yo lleve la luz.

Oh, Maestro, haz que yo busque más:
consolar, que ser consolado;
comprender, que ser comprendido;
amar, que ser amado.
Pues al dar es como se recibe;
y al perdonar seré perdonado;

¡y es al morir como se vive la vida eterna!

Asocié la astrología, las eras, los templos de iniciación, los maestros, los rayos y las razas, con lo que mostré todo el proceso de evolución de nuestro espíritu. La mayoría de las almas encarnadas en la Tierra en este cambio de era son descendientes de razas anteriores; por esa razón, en determinados periodos de la humanidad ocurren catástrofes colectivas, como guerras, enfermedades, epidemias y actualmente el terrorismo, que destruye en nombre de una ideología político-religiosa. La Era de Acuario tendrá su lado positivo y su lado negativo; los cambios que sucederán en el planeta nos afectan a todos, directa o indirectamente. Tenemos que aislarnos de esas vibraciones negativas por medio del fortalecimiento espiritual; de ahí la necesidad de perfeccionarnos y despertar a nuestro Dios interior, sin tener que buscar en las diversas religiones y filosofías lo que ya existe en nosotros. La Era de Acuario, con la energía de Saint Germain, purifica el karma con el fin de preparar nuestro espíritu para el encuentro con nuestra esencia.

En la Comunidad Europea, muchos países están despertando a la espiritualidad. Portugal tiene en su mapa kármico la misión de la cura: en Fátima, uno de los lugares sagrados, muchos fieles del mundo entero buscan la energía que gravita sobre este país, que se transformará en el «hospital espiritual» de Europa.

Nuevo comienzo en Lisboa

Brasil, 26 de agosto de 2003: dentro de un mes viajo de nuevo a Portugal, por lo cual me siento aprensiva. ¿Qué pasará esta vez? Decidí ir sola, sin nadie que me ayude; ¿lo conseguiré? Sé que es preciso aprender a estar entera en mi misión, de modo que no puedo depender de las personas que me acompañan; ¿estará todo bien? Pido luz, orientación, humildad y principalmente compasión. ¿Estará mi vida como Dorotea totalmente resuelta, o su continuidad en esta vida quedará para un próximo libro?

No tengo respuestas para todo y siento muchos deseos de saber cuál va a ser la siguiente etapa de mi historia. Me entrego a las manos de Dios, quien me encaminará de acuerdo con mi merecimiento. Intento no luchar contra lo que está reservado para mí y sólo espero tener comprensión para aprender de las situaciones que surjan en mi vida.

1º de octubre de 2003: el avión aterrizó en Lisboa; mi amiga Vina me espera en el aeropuerto. Paz y tranquilidad —ésa es mi sensación; tengo la certeza, en ese momento, de que todo saldrá bien. Siento una mezcla de alegría y amor al desembarcar en Portugal. Es un privilegio para mí tener la oportunidad de vivir en esos dos países y dos mundos tan distantes y al mismo tiempo tan cercanos: Portugal y Brasil, pueblos tan parecidos y a la vez tan diferentes. Tenemos mucho que aprender unos de los otros.

Después de algunos días inicié mis consultas y me sorprendí de estar realizando mi misión sin sentirme desgastada. No entendía lo que pasaba conmigo: me sentía más fuerte para superar los obstáculos, sin miedos ni angustias como había ocurrido en mis viajes anteriores. Constantemente me preguntaba si todavía tenía que pasar por más pruebas. ¿O ya mi espíritu estaba consciente de la importancia de Portugal en mi vida? Racionalmente, sí; conozco el significado de mi misión en ese país. ¿Habrá aprendido mi alma esa lección? Sólo podré saberlo cuando regrese a Brasil. Por ello, me entrego a las manos de los maestros en este nuevo periodo de mi vida, pues sé que ellos me conducirán, como siempre lo hacen.

Los días transcurrieron en calma; me sentía más ligera y tranquila, y a pesar de estar sola daba más atención a las personas que me buscaban. Sentí también el placer de estar por algunos momentos conmigo misma y valoré algunas cosas muy simples a las que antes no daba importancia. Fue maravilloso viajar a la isla de Madeira y apreciar la puesta del sol en un restaurante frente al Océano Atlántico, así como deleitarme con la cocina madeirense; observaba los barcos que navegaban en la inmensidad de ese océano y agradecía a Dios por permitirme vivir esos momentos mágicos. Después de muchas idas para trabajar en Madeira, por primera vez entendí la importancia de mi pequeño libro: *Usted: su mejor compañía*, que escribí en 2002 y que fue publicado en Portugal recientemente por Editorial Pergamino. Leí y releí la contraportada muchas veces:

En los momentos difíciles de su vida, cuando todo parece perdido y usted siente que nada vale la pena; en las horas de desesperación, de tristeza o de frustración, hay alguien que nunca deja de estar a su lado. Es la misma persona que comparte con usted los grandes placeres, alegría y conquistas de su vida. ¿Ya adivinó de quién se trata? ¡Es usted!

Por más solo que usted esté, nunca estará mal acompañado si sabe hacer valer su autoestima y escuchar aquella voz interior que le dice que siga sus sueños y que sea todo aquello que usted puede ser.

¿Por qué buscar que otros le traigan la felicidad y la satisfacción que sólo usted puede darse a sí mismo?

Usted: su mejor compañía le enseña a construir su propia realización mediante el descubrimiento de su esencia más profunda y de todas sus potencialidades.

206

Di gracias por ser merecedora de vivir esos momentos tan preciosos que jamás olvidaré.

Pasé algunos días atendiendo en la isla de Madeira, al cabo de los cuales regresé a Lisboa y quedé con Vina en ir a visitar Fátima; sin embargo, no sabíamos que habría una ceremonia dedicada al Día de la Esperanza. El día estaba frío y lluvioso y nosotras conversábamos animadamente. Cuando llegamos, vimos una gran concentración de personas que oraban y nos acercamos con lentitud a la imagen de Nuestra Señora de Fátima. Nos emocionamos al sentir la vibración de amor que emanaba de aquel lugar sagrado.

Pedí fervorosamente a Nuestra Señora que me cubriese con su manto de luz; al concentrarme cerré los ojos y sentí un fuerte escalofrío cuando una suave vibración recorrió todo mi cuerpo, de la cabeza a los pies. Sentí el manto de Nuestra Señora que me cubría y me protegía. Recordé cuando estaba en otro plano espiritual antes de encarnar en la Tierra y fui llevada al encuentro de mi esencia, a la vez que una bella y dulce mujer me encaminó hacia la luz. Ahí, en Fátima, tuve la misma sensación: mi corazón experimentó un profundo amor incondicional y me sentí plena como en aquel momento anterior.

Extasiada escuché a mis paisanos Joana, Fafá de Belén y Sergio Reis cantando la música de Roberto Carlos: «Nuestra Señora, cúbreme con tu manto de amor, guárdame en la paz de tu mirar, cura las heridas y el dolor, hazme soportar, que las piedras del camino mis pies resistan pisar, incluso heridos de espinas, ayúdame a pasar. Si hubiese amarguras en mí, Madre, sácalas de mi corazón y a aquellos a quienes hice sufrir pido perdón; si mi cuerpo se doblase de dolor, alíviame… Nuestra Señora, dame tu mano, cuida de mi corazón, de mi vida, de mi destino, de mi camino, cuida de mí… Nuestra Señora, dame tu mano, cuida de mi corazón, de mi vida, de mi camino… cuida de mí…»

Por primera vez sentí el mensaje de la música de Roberto Carlos tocar de verdad mi corazón. Es muy diferente escuchar la música con los oídos que escucharla con el alma. Fui cubierta por el manto sagrado de Nuestra Señora, y sollozando sentí su mano invisible que me acariciaba. Las lágrimas, que eran de emoción, brotaban de mi corazón; fue un momento divino.

Después de misa, Vina y yo nos dirigimos al lugar de la aparición del ángel a los tres pastorcillos en 1916. Ese lugar también es muy especial y energético. Se cuenta que la aparición del ángel impresionó tanto a los pastores que, inmersos en la oración, perdieron la noción del tiempo. La segunda aparición del ángel fue en el verano de ese año. Dicho sitio transmite mucha paz y ahí tuvimos el placer de encontrar a Sergio Reis, quien agradecía a Nuestra Señora y al ángel por su curación.

El hogar espiritual del Arcángel Rafael es Fátima. Rafael es conocido como el ángel de la ciencia, del conocimiento y de la curación. Desde los tiempos más remotos, varios textos afirman que él reveló a Noé el poder de curar por medio de las plantas; además, dicen que él curó a un ciego y aprisionó a los demonios. Rafael y los ángeles de la curación, junto con la Madre María, ayudan a curar las enfermedades no sólo del cuerpo, sino también de la mente y del alma.

En Fátima, Nuestra Señora reveló tres pasos para establecer la paz mundial: recitación del rosario, devoción a su corazón y penitencia, los cuales transmitió en un lenguaje que los niños pudiesen entender. El mensaje es: cultivar la vida espiritual por medio de la meditación, la oración y la práctica de la espiritualidad, ayudando al prójimo.

Nuestra Señora superó las pruebas de la Tierra y mostró que el Ser Divino puede ser mujer, enseñando que es preciso despertar el potencial femenino, independiente del sexo. Debemos cultivar la luz que está adormecida en nuestro interior.

La Madre María también es conocida como Reina de los Ángeles y ha sido asociada a miles de curas milagrosas: en Lourdes, en Francia, en Medjugorge y, principalmente, en Fátima. En 1998 estuve un mes en Fátima atendiendo a diversas personas; creo que con la ayuda divina mitigué el sufrimiento de incontables de ellas. Tengo la certeza de que Nuestra Señora de Fátima y sus ángeles estaban ahí bendiciéndome a mí y a mi trabajo y, esta vez, después de cinco años regresé a Fátima no para dar, sino para recibir la gracia divina de sentir la presencia de

Nuestra Señora en mí, y aquel momento tan mágico y tan puro quedó impregnado en mi alma y jamás lo olvidaré.

Otra sorpresa agradable fue ver la portada de mi primer libro, reeditado a fines de 2003. Siete años después de su primera publicación, *Alma gemela: el encuentro y la búsqueda* sigue siendo un éxito. He cosechado los frutos que sembré en esos últimos años y ha sido gratificante pasar más tiempo en Portugal —ya lo adopté como si segundo hogar y estoy segura de que seré un instrumento de intercambio positivo entre ese país y Brasil, que necesitan cambiar sus experiencias en todos los campos. Actualmente los pueblos portugués y brasileño se complementan.

Tengo la certeza de que *Vidas pasadas* será la culminación de todas las experiencias vividas en Portugal. El 2 de diciembre de 2003 volví de ese país y, al desembarcar en el aeropuerto de Guarulhos en Sao Paulo, experimenté una agradable sensación de «deber cumplido». Esta vez, mi viaje a Portugal transcurrió en la más perfecta paz y tranquilidad. Percibía la sorpresa en la voz de las personas al hablar conmigo sin intermediarios y desmitifiqué la imagen de que soy inaccesible. Mi amiga Vina —la Vivi de mi vida como Dorotea— colaboró conmigo en ese periodo con mucha alegría y amor. Cuando entregamos nuestra misión al plano espiritual, éste se encarga de abrir nuestros caminos en la Tierra.

El año de 2003 fue muy importante para mí, porque además de ese reencuentro espiritual, fue también el año del reencuentro con mi familia terrenal, de la cual estaba un poco apartada. Aprendí que puedo ser libre e independiente y, aun así, mantener mis vínculos. La libertad debe ser conquistada internamente. Por otro lado, ese alejamiento también fue determinante para mi evolución y sólo puedo agradecer a mi familia por todo lo que he aprendido. Hoy tengo la certeza absoluta de que nada ocurre por azar, sino que todas las personas que aparecen en nuestras vidas son importantes, por lo cual debemos valorarlas.

1° de enero de 2004: un nuevo comienzo. ¿Qué habrá adelante? No sé. Sólo sé que cumplí otra etapa en mi misión espiritual. En esos últimos diez años, conocí a muchas personas que desempeñaron un papel importante en mi vida y muchas otras que se apartaron al completar un ciclo. En esta nueva fase de mi vida debo cuidar de mí, vivir más para mí misma, pues ya pasé muchos años dedicada a los demás. Ahora llegó el momento del encuentro conmigo misma: entrego mi vida al plano espiritual y confío en las señales enviadas para seguir mi camino.

NACIMIENTO DE *VIDAS PASADAS*

1° de febrero de 2004: hoy es el día de mi cumpleaños —cuando respiré por primera vez, venida del plano espiritual donde me encontraba después de la vida intermedia de Luis y del retorno a mi Esencia Divina. Aprendí mucho en ese pasaje del plano espiritual a la Tierra y dejé de sentir miedo a la muerte; sé que ésta es una transformación y que estamos siempre reencontrándonos con las personas que amamos, para perfeccionar nuestras relaciones. Me siento gratificada por entender mis vidas pasadas mientras estoy encarnada en la Tierra; además, tengo la oportunidad de transformar y suavizar mi karma para ayudar mejor a las personas.

Por «coincidencia», estoy escribiendo el último capítulo de este libro: justamente en el día de mi nacimiento nace también mi libro, *Vidas pasadas*.

La conclusión a la que llego al finalizar este libro es que será un documento comprobatorio de mi transformación. 2003 fue el año de reconciliación con Felipe, con Marco Antonio, con mis hermanos y conmigo misma; fue el final de un ciclo en mi vida que comenzó el día de mi nacimiento y que «coincidió» con el tránsito de Saturno en mi octava casa —la casa de la muerte. Hace dos años yo no sabía lo que pasaría; conozco la importancia de Saturno en nuestro mapa astral kármico y llegué a pensar que moriría físicamente, porque creía que ya había cumplido mi misión con mis hijos y con miles de personas que pasaron por mi vida. Sin embargo, hoy sé que todo comienza apenas y que todavía no ha llegado el tiempo de mi salida de este plano de la Tierra. En estos dos últimos años sentí un profundo deseo de desistir de todo y descansar al regresar a mi hogar original; además, tengo conciencia de que todavía no es el momento de realizar ese pasaje y que debo modificar muchos patrones energéticos. Con la salida de Saturno de mi octava casa a finales de 2004, inicia un nuevo capítulo en mi evolución espiritual; empero, todavía no sé decir de qué se trata y dejo mi destino en las manos de Dios.

Hasta el próximo libro…

Agradecimientos

Hago públicos mis agradecimientos a Editorial Pergamino, responsable de la publicación de mis libros en Portugal. Gracias a ella tengo la oportunidad de expandir mi misión en Europa y ayudar a todos los lectores que se identifican con mi historia.

A Mario de Moura y al equipo de la editorial les envío mucha luz.

A mis amigos:

A todos ustedes que compartieron conmigo esas experiencias en ésta y otras encarnaciones, hago público mi más sincero agradecimiento.

Ustedes son los mayores incentivadores de mi trabajo y espero satisfacerlos en sus dudas respecto de la vida. Me siento agradecida de poder ayudarlos por medio de mi visión espiritual, y espero orientarlos en sus búsquedas.

Deseo al lector, que termina la lectura del presente libro, mucha luz en esta época de tanta oscuridad, pues solamente su luz interior abrirá sus caminos. Dios le dio el don del discernimiento, de manera que su vida es suya y le pertenece; procure valorarse cada vez más, sin buscar en otros la sabiduría que existe en su interior. Confíe y entréguese a su misión, y todas las puertas le serán abiertas.

Busque la presencia de Dios dentro de su persona, y agradezca su vida perdonando siempre a sus semejantes, como a usted mismo.

Que la paz inunde su corazón. Besos con cariño.

Gracias a mis hijos:

Siempre que regreso a Brasil después de tres meses lejos de mis hijos y de mi casa, siento mucha alegría al abrazarlos en el aeropuerto. Esta vez Michel me fue a recibir y Ana se quedó preparando la comida. En el camino de vuelta al hogar, Michel me contó los últimos acontecimientos. Él habla poco, pero nos entendemos hasta con la mirada. Mi corazón comienza a latir más fuerte cuando nos aproximamos a casa. Cuando salí de Brasil, mi casa estaba en remodelación y sentí mucha alegría de verla iluminada. Abrimos el portón, los cachorros ladraron y Ana estaba en la puerta. Nos abrazamos emocionadas por ese reencuentro. Soy una mujer privilegiada por tener hijos hermosos e iluminados, quienes siempre serán la alegría de mi vida. Agradezco a Ana Lucía y a Michel por haberme elegido otra vez como madre.

Gracias a mi madre, Amelia:

Es una persona evolucionada que sabe afrontar los desafíos familiares con sabiduría y amor, tratando de no interferir y respetar la elección de cada uno de sus hijos. Siempre está rezando por todos nosotros. Mi madre es mi maestra, amiga y consejera, que permanecerá a mi lado hoy y siempre.

Gracias a mis lectores:

Tengo la certeza de que este libro no llegó a las manos del lector por casualidad. Si eso ocurrió fue porque estamos en armonía espiritualmente y un día, ¿quién sabe?, nos encontraremos personalmente para intercambiar informaciones y experiencias vividas.

Crea que en el plano espiritual existen diversas maneras de crecimiento, y cuanto más nuevas percepciones adquiera, más elecciones tendrá para dirigir su vida.

Permita que su Yo Superior guíe sus caminos espirituales. El retorno a su hogar de origen es fundamental para su evolución.

Querido lector, acepte las informaciones provenientes de las señales que llegan hasta usted. Manténgase atento a cualquier mensaje que provenga de su subconsciente, y de cualquier forma de comunicación con el pasado, el futuro o con su Yo Superior.

Un beso y mucha luz en su camino.

DULCE REGINA

PREGUNTAS Y RESPUESTAS
SOBRE LA REGRESIÓN

1. ¿Estoy inconsciente en una sesión de regresión?, ¿ocurre la regresión en un estado de sueño?

   R. *No, usted no está inconsciente en una sesión de regresión, sino que percibe todo lo que ocurre a su alrededor. Usted se halla en un estado de relajamiento que propicia la interiorización.*

2. ¿Puede causarme algún tipo de problema psicológico la regresión?

   R. *No, si el profesional que realiza ese trabajo le ayuda a liberar la emoción contenida y a hacer una limpieza energética y espiritual.*

3. ¿No tenemos control sobre nuestros actos?

   R. *Al contrario, estamos más receptivos para sentir las emociones más profundas y siempre asociamos esas emociones con nuestro momento actual.*

4. ¿No será que todo lo que vi no es más que imaginación?

   R. *Al principio parece que inventamos todo, pero después las emociones comienzan a tomar forma y percibimos que no podemos inventarlas.*

5. ¿Puedo hacer una regresión y ser incapaz de volver?

   R. *No es posible; lo que puede ocurrir es que usted viva algún momento muy positivo y que su espíritu intente huir y quedarse más tiempo en esa situación; por lo tanto, el profesional debe hacerle regresar con calma a la realidad.*

6. Si me enfrento con alguna situación negativa, ¿puedo quedar peor de lo que estaba?

   R. *Desde luego el objetivo no es ése: si usted siente mucha culpa o amargura, debe decir lo que siente, para que puedan ayudarle.*

7. ¿Puede obligar el terapeuta a la persona a actuar como él quiera?

   R. *Eso jamás puede suceder, porque usted tiene control sobre la situación, a no ser que se halle en un estado hipnótico inconsciente.*

8. ¿Quedaré con más ira contra alguien que un día me hizo algún mal?

   R. Esto puede ocurrir en un primer momento, por ello la importancia de limpiar esa energía mediante la llama violeta, para la transmutación del sentimiento negativo.

9. ¿Puedo morir durante una regresión?

   R. No, sólo si usted tuviese algún problema cardiaco o alguna enfermedad; pero la regresión no será la causa.

10. ¿Puedo hacer regresión estando solo?

    R. No debe; es muy importante tener a alguien a su lado con experiencia en esa área, para que le ayude a liberar las emociones contenidas en su ser.

11. ¿Cualquier persona puede hacer la regresión conmigo?

    R. Lo ideal es que usted lo haga con un profesional competente, para no correr ningún riesgo.

12. ¿Tiene algún riesgo la regresión?

    R. El peligro es quedar preso de las emociones negativas y proyectarlas en su vida actual, lo que le causaría tristeza y depresión.

13. ¿Veo en la regresión todo como en una película?

    R. No, son flashes que aparecen y que forman algún escenario que usted va descubriendo poco a poco.

14. ¿Qué es más importante en la regresión: lo que veo o lo que siento?

    R. Lo que usted siente es más importante, y las emociones mal resueltas bloquean su vida actual.

15. Si las emociones fuesen muy intensas, ¿puedo tener reacciones físicas como dolor de estómago, ansiedad o vómito?

    R. Sí, esas reacciones son muy comunes en el proceso de limpieza del pasado.

16. ¿Puedo hacer sesiones de regresión en cualquier momento que quiera?

    R. Usted puede intentarlo, pero sólo lo conseguirá cuando su espíritu se sienta merecedor de esa liberación.

17. ¿Cuándo debo hacer una sesión de regresión?

    R. Cuando sienta que existe algo dentro de usted o alguna situación que usted no logra entender racionalmente.

18. ¿Puede la regresión curarme de algún problema físico?

R. *Sí, siempre que usted tenga el merecimiento para que eso suceda.*

19. ¿En qué me puede ayudar la regresión?

R. *A volverse más confiado, pleno y realizado; cuando los bloqueos son liberados, las energías positivas comienzan a fluir mejor.*

20. ¿Cualquier persona puede pasar por el proceso de regresión?

R. *Depende; yo procuro analizar primero las dificultades emocionales de las personas en el mapa astral kármico, para poder ayudarlas a llegar al origen del conflicto.*

21. ¿Cuantas más regresiones haga, mejor estaré?

R. *Depende de sus intenciones. No se deben hacer regresiones por mera curiosidad, sino utilizar la regresión cuando hubiese alguna necesidad interna.*

La regresión es un medio para llegar a los traumas que ocurrieron en esta vida o en una vida pasada y que continúan causando confusión en la vida actual. La regresión puede estar acompañada de mucha emoción y de gran dolor, pero siempre vale la pena enfrentar eso, cualquiera que sea el trauma sentido.

No existen curas milagrosas, sino lo que existe es el merecimiento. En sus múltiples encarnaciones, cada espíritu vivencia experiencias positivas y negativas: las positivas son nuestros dones y las negativas son nuestros miedos y ansiedades.

Hoy tengo la certeza absoluta de que mientras no nos liberemos de nuestro pasado no conseguiremos seguir adelante, y nuestro espíritu tendrá mucha más dificultad para evolucionar. Obviamente, el concepto de vidas pasadas se basa en el concepto de la reencarnación, en que el espíritu reencarna para poder evolucionar y liberarse de las negatividades del pasado. Sin embargo, eso no siempre sucede, pues el espíritu puede quedar preso en una energía que lo limita durante muchas vidas futuras.

La característica principal de la regresión es que puede alcanzar al subconsciente con rapidez y eficiencia. El consciente es un estado de vigilia en el cual presenciamos los acontecimientos que ocurren a nuestro alrededor, mientras que el subconsciente es como una computadora, donde quedan registradas en una base de datos todas las informaciones. Basta con accionar esa base de datos para que aparezcan las respuestas. Cuando la persona se desequilibra es porque predomina lo negativo. La regresión actúa en ese aspecto para vivenciarlo nuevamente y cambiar nuestros conceptos errados, como traumas de infancia o procesos kármicos.

En la vida en que mi espíritu encarnó como un faraón egipcio, sentí la responsabilidad y el peso del conocimiento y cómo debe ser transmitido con cautela. Ahora entiendo por qué siempre sentía deseos de enseñar todo lo que sé, y muchas veces se me impidió transmitir esas enseñanzas. Siento el deseo de ayudar a las personas a despertar ese conocimiento que existe dentro de ellas, mediante la regresión a algunas vidas en las que fue adquirido.

Vidas que se repiten, de Dulce Regina
se terminó de imprimir en septiembre del 2006
en Litográfica Ingramex, S.A. de C.V.
Centeno 162-1, Col. Granjas Esmeralda,
México, D.F.